CURRÍCULO, CULTURA E EDUCAÇÃO MATEMÁTICA: UMA APROXIMAÇÃO POSSÍVEL?

ELENILTON VIEIRA GODOY

CURRÍCULO, CULTURA E EDUCAÇÃO MATEMÁTICA:
UMA APROXIMAÇÃO POSSÍVEL?

Capa	DPG Editora
Foto	Rennato Testa
Coordenação	Ana Carolina Freitas
Copidesque	Lúcia Helena Lahoz Morelli
Diagramação	DPG Editora
Revisão	Edimara Lisboa, Isabel Petronilha Costa e Simone Ligabo

Dados Internacionais de Catalogação na Publicação (CIP)
(Câmara Brasileira do Livro, SP, Brasil)

Godoy, Elenilton Vieira
  Currículo, cultura e educação matemática: Uma aproximação possível?/Elenilton Vieira Godoy. – Campinas, SP: Papirus, 2015.

Bibliografia.
ISBN 978-85-449-0064-2

1. Avaliação educacional 2. Cultura 3. Currículos – Avaliação 4. Ensino 5. Inovações educacionais 6. Matemática – Formação de professores 7. Professores – Formação profissional I. Título.

15-02269	CDD–375.006

Índice para catálogo sistemático:

1. Currículo, didática e formação profissional: Educação 375.006

1ª Edição – 2015

Exceto no caso de citações, a grafia deste livro está atualizada segundo o Acordo Ortográfico da Língua Portuguesa adotado no Brasil a partir de 2009.

Proibida a reprodução total ou parcial da obra de acordo com a lei 9.610/98. Editora afiliada à Associação Brasileira dos Direitos Reprográficos (ABDR).

DIREITOS RESERVADOS PARA A LÍNGUA PORTUGUESA:
© M.R. Cornacchia Livraria e Editora Ltda. – Papirus Editora
R. Dr. Gabriel Penteado, 253 – CEP 13041-305 – Vila João Jorge
Fone/fax: (19) 3790-1300 – Campinas – São Paulo – Brasil
E-mail: editora@papirus.com.br – www.papirus.com.br

SUMÁRIO

PREFÁCIO 7

INTRODUÇÃO 13

1. LUGARES 21
   *A fabricação dos saberes escolares a partir da história
   e da didática das disciplinas escolares* 23
   Os lugares privilegiados das disciplinas escolares 32

2. UM OLHAR SOBRE A CULTURA 85
   A concepção simbólica de cultura 87
   A concepção estrutural de cultura 91
   A centralidade da cultura 95
   Os aspectos substantivos da centralidade da cultura 97
   Os aspectos epistemológicos da centralidade da cultura 103
   Cultura e currículo 105

3. O LUGAR DA EDUCAÇÃO MATEMÁTICA 113
   *O cenário do ensino de matemática e o debate sobre
   o currículo de matemática* 113

Panorama da matemática escolar no Brasil, desde as
primeiras décadas do século XX 119

Algumas ideias sobre a investigação em educação matemática 148

Etnomatemática 160

Enculturação matemática: Um currículo com inserção cultural 167

Educação matemática crítica 180

Modelagem matemática 190

Aproximando ideias 199

CONSIDERAÇÕES FINAIS:
O CURRÍCULO DE MATEMÁTICA EM PERSPECTIVA 203

REFERÊNCIAS BIBLIOGRÁFICAS 223

PREFÁCIO

No Brasil, as formas de produção de currículos para as diferentes disciplinas escolares naturalizaram a ideia de currículo como produto prescritivo-normativo de responsabilidade do poder público municipal, estadual ou federal que, em síntese, compreende a seleção e a organização de um conjunto de objetivos, conteúdos e orientações voltado para o planejamento, o desenvolvimento e a avaliação do ensino e da aprendizagem nas salas de aula.

No caso da matemática, longe de significar que realidades sociais e culturais particulares em que se pratica o ensino sejam elementos tomados como referência no movimento de elaboração de documentos curriculares oficiais, há, invariavelmente, ao longo do tempo, a prevalência ora da organização lógica dos diversos domínios dessa área, ora da linha histórica de emergência das ideias matemáticas como referência para a organização do ensino. Qualquer perspectiva dessas tem sido atravessada pelas ideias de transmissão e transposição de conhecimentos, as quais têm em comum a tomada do conhecimento especializado do matemático

Currículo, cultura e educação matemática 7

como ponto de partida,[1] e tem confiado às estratégias de ensino adotadas pelo professor o papel de adequar ou recontextualizar, quando for o caso, os conteúdos escolhidos como relevantes e inegociáveis.

Esse modelo tem sido predominante e é provável que a expectativa alimentada em relação à almejada qualidade do ensino, reclamada sempre que os resultados da aprendizagem em matemática mostram-se insatisfatórios e causam mal-estar geral, esteja presa a procedimentos que, de modo acusatório e indevido, pessoalizam responsabilidades. No quadro das possibilidades pode ser incluído o firme questionamento de alguns elementos estruturantes desse ensino, entre eles a concepção de currículo da disciplina nesses moldes e o modo centralizado e vertical como os documentos de orientações curriculares (programas obrigatórios, guias, propostas, parâmetros, referenciais etc.) têm sido produzidos e difundidos no país.

Pode ser posto em questão também o estrondoso silêncio em relação às possibilidades intelectuais e criativas do professor, que podem ser fomentadas e potencializadas de diferentes maneiras, em vez de tratá-lo como depositário de ideias, orientações e metodologias com as quais ele nem sempre se identifica ou se compromete, por estar ausente do debate e da dinâmica de concepção e produção dessas ideias, porque não está em pauta valorizar suas potencialidades, sua autonomia intelectual, seu tempo e o imperativo papel de sujeito ativo e interessado que, pela natureza do ofício, pode e precisa de alguma maneira ocupar presencialmente o centro desse debate.

É necessário reconhecer que as reformas e as mudanças curriculares observadas no Brasil, a partir dos anos 1980, ocorrem em paralelo e simultaneamente a processos vivenciados por diferentes países, em resposta a demandas sociais e a processos de mudança política que ocorreram em muitos deles. Em face dessas circunstâncias, identifica-se um esforço de fundamentação e enquadramento epistemológico do ensino

---

1.   K. Gravemeijer e J. Terwel (2000). "Hans Freudenthal: A mathematician on didatics and curriculum theory". *Journal of Curriculum Studies*, v. 32, n. 6, p. 783.

e da aprendizagem da matemática como contraponto aos princípios que embasavam o ensino de matemática em diversos países no chamado Movimento da Matemática Moderna, protagonizado pela comunidade internacional de matemáticos.

A reforma do ensino de matemática aí gerada decorre de uma renovação do pensamento matemático iniciada no final do século XIX, que motivou, em meados do século passado, um grupo de matemáticos franceses, sob o pseudônimo de Nicolas Bourbaki, a redigir o tratado intitulado *Élements de Mathématiques*, ambicionando "refundar a matemática", e que consistiu em pôr em evidência as grandes estruturas (algébrica, relação de ordem e topológica) com o intuito de tornar atividade dos matemáticos estudar as interações entre tais estruturas. Nessa perspectiva, as relações ganham primazia em detrimento dos objetos com ênfase na linguagem. Os proponentes da reforma (entre eles os matemáticos e os educadores) consideraram a necessidade de reduzir a enorme distância entre o estado da investigação e o do ensino de matemática, visto que é preciso renovar esse ensino desde os anos iniciais da escolarização.[2]

Posteriormente, os princípios dessa reforma foram questionados em face da emergência de dificuldades que se somaram àquelas geradas numa tradição de ensino de matemática caracterizado pela ênfase em destrezas nos cálculos e nos procedimentos formais. Verificou-se nesse período o auge da generalização de um modelo curricular único, focado na estrutura e na organização lógica da matemática, independentemente do contexto e das condições em que o ensino era realizado.

É necessário reconhecer, porém, o papel crescente de indutor curricular que têm tido, desde 1990, os processos de avaliação externa (dos locais aos mundializados) sobre os sistemas de ensino e sobre o ensino das disciplinas. Trata-se de uma inversão, uma vez que as matrizes de referência do sistema de avaliação, as quais traduzem os aspectos das propostas curriculares oficiais e indicam habilidades e

---

2. I. Harlé (2010). *La fabrique des savoirs scolaires*. Paris: La Dispute (L'Enjeu Scolaire).

competências esperadas dos alunos nas avaliações, passam a ser tomadas como orientações metodológicas e conteúdos que pautam o trabalho do professor na sala de aula, atropelando suas práticas e os currículos antes praticados, imprimindo um retrocesso ao debate sobre significados de currículo e sua produção.

Currículo, cultura e educação matemática: Uma aproximação possível?, de Elenilton Vieira Godoy, vem apresentar um percurso rico e original para discutir a questão do currículo no ensino de matemática, que foi objeto de investigação do seu doutorado pela Faculdade de Educação da Universidade de São Paulo (Feusp). A originalidade mostra-se desde a inquietação inicial até a formulação da questão em pauta, que leva o autor a problematizar o currículo de matemática tomando como lugar e referência o debate contemporâneo travado na área de Educação sobre currículo e confrontando-o com vertentes da educação matemática e com concepções que têm orientado a elaboração de currículos de matemática no país. Isso representa uma inversão na dinâmica que rege os processos de elaboração curricular, pois compreende o exame e a discussão de significados e teorias diversos do currículo e o questionamento de hegemonias de concepções e práticas, procurando vencer o distanciamento e o estranhamento interpostos, historicamente, entre os processos de produção curricular das disciplinas escolares, especialmente da matemática, e as práticas de investigação realizadas no campo do currículo. Além disso, discute-se o lugar das disciplinas escolares nas diferentes teorias do currículo, redimensionando-o em função do que é postulado por algumas abordagens da educação matemática, a fim de explicitar as dimensões social, política, econômica e educativa tomadas pelo autor como relevantes na organização curricular transversalizada pela cultura como variável central.

A originalidade da obra mostra-se também quando, na conclusão do seu empreendimento investigativo, o autor reúne elementos e discute o caráter afirmativo da resposta à sua pergunta inicial. O que fica demonstrado é que há, não por acaso, um potencial inexplorado de articulação entre dois processos relacionados com o debate sobre currículo, um interno e outro externo à área de educação matemática, e que, na realidade, são faces do mesmo movimento.

Este livro preenche uma lacuna e ocupa um lugar reservado à inovação e à qualificação do debate e da pesquisa em educação matemática, pois reconhece que quando se fala de currículo de matemática fala-se da relação direta entre os diferentes discursos gerados e mobilizados nas diferentes esferas do campo educacional e as práticas de elaboração de currículos de disciplinas específicas. Fala-se também, como professa o autor, de vertentes da educação matemática que tomam as dimensões social, cultural e política da matemática como elementos centrais subsidiários da discussão sobre ensino e currículo de matemática.

Por fim, considerar que uma aproximação e diálogo entre teorias do currículo e tendências em educação matemática são possíveis e necessários não significou, neste trabalho, encontrar uma resposta única e definitiva sobre a questão inicial. Ao contrário, coloca-se na mesa uma série de elementos que fomentam discussões sobre o desenvolvimento curricular e o ensino da matemática, quebrando o tabu de se considerar que as discussões no interior de uma área dão conta das respostas necessárias à pesquisa e à produção de currículos nessa mesma área. Abre-se uma janela, ampliam-se as possibilidades de discussão e de comunicação, com um movimento promissor na direção de uma epistemologia do ensino e do currículo de matemática que afronte modelos verticais, hegemônicos e que opõem indevidamente conhecimento, competência e interdisciplinaridade, como eixos constitutivos do currículo das disciplinas escolares. E quando se tomam como referência aspectos contextuais, culturais e dimensões sociais que impregnam as práticas escolares e a relação que professores e alunos estabelecem quando se mobilizam saberes e experiências na escola, a matemática mostra-se mais como um processo, uma atividade humana passível de engajamento ativo do aluno, do que como produto ou "saber sábio" a ser meramente transmitido ou transposto.

Vinício de Macedo Santos
Professor livre-docente da Feusp

INTRODUÇÃO

Ao longo da produção deste trabalho, fomos conduzidos, por nossas leituras e crenças iniciais, à ideia de que havia os excluídos e os incluídos, os dominados e os dominantes, vozes silenciadas e vozes que nunca se calaram. Em um determinado momento, porém, depois de muitas conversas com os nossos interlocutores, percebemos que o uso deliberadamente classificatório que dávamos às personagens da mesma história muito nos incomodava, pois classificar a pessoa em termos negativos, ou seja, "em termos do que lhe falta, em lugar do que a pessoa possui e faz" (Fasheh 2004, p. 158), representa uma maneira eficaz de utilizar a linguagem para policiar tanto o que a mente vê quanto o que ela não vê.

Esses comentários foram elaborados tomando como referência a pessoa analfabeta, mas servem para qualquer classificação pejorativa, feita a alguma pessoa, a algum grupo ou a algum povo. Apoiando-nos em Santos (2010), gostaríamos de fazer uma "errata virtual" em todos aqueles trechos deste trabalho em que fizemos classificações política, sexual, de gênero, raça, classe, etnia etc., justificando-a assim:

> O conhecimento (...) é tão temporal como as práticas sociais e a cultura a que se vincula. Assume plenamente a sua incompletude, pois que sendo um conhecimento presente só permite a inteligibilidade do presente. O futuro só existe enquanto presente, enquanto argumento a favor ou contra conhecimentos e práticas presentes. Esta radical contemporaneidade dos conhecimentos tem consequências fundamentais para o diálogo e a concorrência entre eles. É que se todos os conhecimentos são contemporâneos, são igualmente contemporâneos as práticas sociais e os sujeitos ou grupos sociais que nelas intervêm. (Santos 2010, p. 330)

Por isso, não há primitivos, nem subdesenvolvidos, nem excluídos, nem analfabetos, mas, sim, existem opressores e oprimidos, e, por ser o exercício do poder sempre relacional, todos somos contemporâneos.

Feita essa correção, sentimo-nos mais tranquilos para continuar a apresentação de nosso trabalho, que tem o currículo e as ideias de poder, resistência e política, apropriadas por ele, o conhecimento, em particular o matemático, e a cultura, como as bases estruturais sobre as quais nossos interlocutores e nós mesmos nos conduzimos, caminhamos. Ao longo do texto, tentamos trabalhar as ideias inicialmente separadas, para depois pensá-las conjuntamente; contudo, percebemos que, a todo momento, elas se confundiam ou se complementavam e quase nunca se contradiziam. Acreditamos que isso tenha ocorrido, principalmente, pelo fato de que, sendo os sistemas de significação os responsáveis por dar sentido às nossas ações, eles nos permitem interpretar ações alheias, e, quando tomados em seu conjunto, formam as nossas culturas, contribuem para assegurar que toda ação social é cultural, que todas as práticas sociais expressam, comunicam um significado, e, nesse sentido, são práticas de significação. Por serem conceitos que não existem fora das práticas sociais, eles se confundem frequentemente.

Pensemos nos conhecimentos por serem eles, mutuamente, articulados *com* e articuladores *das* relações simétricas e assimétricas de poder, podendo conduzir tanto à perpetuação da ideologia dominante quanto às insurgências contra essa ideologia, pois não há uma única forma de conhecimento válido, mas sim muitas, uma vez que existem práticas sociais que as geram e as sustentam. Em virtude disso, concordamos com Santos (2010) quando afirma que as práticas sociais alternativas serão geradoras de tipos de conhecimentos e saberes alternativos e que não reconhecê-los conduzirá à deslegitimação dessas práticas sociais, promovendo, portanto, a exclusão social dos que as anunciam.

Ao valorizarmos "os conhecimentos e as práticas não hegemônicas que são afinal a esmagadora maioria das práticas de vida e de conhecimento no interior do sistema mundial" (Santos 2010, p. 329) – e nesse caso incluímos o conhecimento matemático na discussão –, fortalecemos a luta dos oprimidos em relação ao poder do opressor. Concordamos com o fato de que "o desafio que as comunidades enfrentam em qualquer lugar é reconquistar e revalorizar as diversas formas de aprender, estudar, conhecer, relatar, agir e se expressar" (Fasheh 2004, p. 159), desafio esse para aumentar o som das suas vozes.

Por serem temporais, como as práticas sociais e a cultura a que se vinculam, os conhecimentos não podem ser descontextualizados do lugar de onde vieram, mas sim ressignificados por aqueles que tomarão contato com eles. E, por ser contemporâneo, todo conhecimento é fundamental para constituir um sujeito, qualquer que seja ele. Em outras palavras, ao convidarmos os indivíduos a conhecer os conhecimentos institucionalizados pela educação escolar, sejam estes tradições públicas ou seletivas, não podemos em hipótese alguma nos esquecer de frisar que não se trata de um conhecimento superior, mas sim de outro, diferente daquele trazido por eles das suas experiências fora da escola, no seu contexto cotidiano. É fato que esse conhecimento deve ser utilizado.

Pensando o ensino, ou melhor, os objetivos da disciplina escolar matemática nesse cenário, ele deveria ensinar a "duvidar, perguntar, descobrir, ver alternativas e, o mais importante de tudo, construir novas perspectivas e convicções. (...) compreender que existem diferentes pontos de vista e respeitar o direito de cada indivíduo de escolher seu próprio ponto de vista" (Fasheh 1998, p. 12).

Em consonância com Fasheh (1998), consideramos que a matemática escolar, ou seja, a disciplina escolar de matemática, deveria ter como objetivos o descobrimento de novos acontecimentos a respeito da própria pessoa, da sociedade, da cultura, e a capacitação do aluno para a tomada de decisões, a articulação entre os próprios conhecimentos matemáticos, entre esses conhecimentos e a vida cotidiana e/ou outras áreas do conhecimento. Isso possibilitaria o desenvolvimento mais homogêneo de qualquer país ou sociedade.

Concordamos com Fasheh (1998) quando defende que a matemática escolar não pode ser ensinada, efetiva e significativamente, descontextualizada da cultura ou do estudante individual.

Gostaríamos de destacar que a ideia de currículo da matemática escolar que adotamos neste trabalho, marcadamente influenciada por nossas leituras e nossas filiações teóricas, é a de um artefato cultural, pois, institucionalmente, trata-se de uma invenção social, uma prática discursiva atrelada à produção de identidades culturais e sociais, e seu conteúdo, ou seja, as matemáticas, também é visto como uma construção social, uma vez que o conhecimento é um produto criado e interpretado socialmente, uma epistemologia social. Nesse contexto acreditamos que ele possa mais incluir do que excluir, mais unir do que separar os saberes cotidianos e não cotidianos, mais respeitar do que destacar as diferenças, enfim, construir mais identidades que tenham em suas subjetividades inculcada a ideia de uma sociedade que privilegie, sobremaneira, a qualidade de vida das pessoas.

Nesse sentido, pretendemos com este estudo promover as discussões envolvendo a ressignificação do currículo da matemática escolar à luz das perspectivas teóricas travadas no campo do currículo e da cultura, em consonância com os estudos que realizamos na área de educação matemática, uma vez que as práticas curriculares em matemática estão, invariavelmente, relacionadas aos currículos oficiais, da mesma forma que as discussões recentes no campo do currículo têm deixado de lado as questões envolvendo as disciplinas escolares.

Desejamos, assim, com este trabalho, relacionar e derivar consequências a respeito das discussões sobre os estudos e as pesquisas no campo do currículo com a educação matemática, pois consideramos que há um significativo desenvolvimento de estudos e pesquisas sobre a temática do currículo no Brasil e que estes não são incorporados às discussões envolvendo o currículo da matemática escolar. Ainda são poucos os grupos de pesquisas que se interessam pelo tema, e, por isso, o debate, quando ocorre, de um modo geral se restringe aos métodos de avaliação e transmissão do conhecimento matemático.

Acreditamos que haja pouca ressonância na educação matemática, mais particularmente nos estudos envolvendo o currículo da matemática escolar da educação básica, dos estudos realizados no campo do currículo. Por meio da aproximação que há entre a matemática escolar, a cultura e algumas ideias do campo do currículo – tais como poder, resistência e política –, este trabalho tem como objetivo tanto aproximar os estudos sobre a matemática escolar dos discursos sobre a cultura e as teorias do currículo quanto compreender como as práticas de significação interferem na organização e na construção do currículo da matemática escolar da educação básica.

Consideramos que a ausência de debate entre os estudos e as pesquisas do campo do currículo e os estudos e as pesquisas envolvendo a matemática escolar é uma problemática de investigação bastante fértil para o tempo atual e futuro, dado o distanciamento entre as disciplinas escolares e as teorias mais atuais do currículo, principalmente a partir do momento em que, por um lado, as discussões no campo do currículo passam a ser mais teóricas, sobretudo por ser um campo de estudo, no Brasil, em fase de consolidação e em busca de uma identidade própria, e, por outro, as discussões envolvendo a organização curricular da matemática escolar brasileira são marcadas fortemente pela preocupação em articular os diferentes elementos que constituem a dimensão normativa do currículo, quais sejam o objetivo, o conteúdo matemático, a metodologia e a avaliação. Não há, no Brasil, nas discussões relacionadas ao currículo escolar de matemática, significativa ênfase a outras dimensões, tais como as dimensões política, cultural e social, que interferem na organização curricular da matemática.

Apesar de existirem estudos na educação matemática que tratam do social, do político e do cultural, tais como os desenvolvidos pela etnomatemática, pela educação matemática crítica etc., eles não ressoam nos debates envolvendo o currículo da matemática escolar. Isso porque não há articulação entre esses estudos e as discussões curriculares e também pelo fato de essas discussões curriculares estarem envolvidas, sobremaneira, com os documentos prescritivos do currículo.

A ausência do debate entre as questões mais emergentes no campo do currículo, relacionadas à centralidade da cultura para pensar a sociedade e a educação contemporâneas, e as questões envolvendo tanto a área de educação matemática quanto o próprio currículo da matemática escolar tem negligenciado o debate em torno dos motivos pelos quais a disciplina escolar matemática pode tanto incluir quanto excluir.

Em virtude dessas considerações e em concordância com os objetivos propostos para este trabalho, as seguintes questões norteadoras conduziram o nosso estudo: Que emergências discursivas são possíveis por meio da articulação entre o saber escolar matemático, a cultura e algumas ideias do campo do currículo, tais como poder, resistência e política? Quais são os aspectos epistemológicos que deveriam fundamentar a construção do currículo da disciplina escolar matemática?

Com o propósito de responder às questões norteadoras e contribuir para a discussão sobre a temática apresentada, este livro foi organizado em quatro capítulos.

O primeiro capítulo – "Lugares" – tem como objetivo investigar, no campo do currículo, os lugares privilegiados que as disciplinas escolares ocupam em diferentes abordagens teóricas do currículo, por entendermos que, apesar de não considerá-las, necessariamente, centrais, nenhuma teoria curricular as abandona. Pretendemos investigar o que o silenciamento das discussões a respeito das disciplinas escolares, como conteúdo, vem causando na compreensão do campo do currículo, principalmente a partir do instante em que o currículo passa a ser qualquer dispositivo pedagógico, notadamente depois da centralidade da cultura nas discussões curriculares, quando ele passa a ser minimamente escolar. Nesse sentido, a discussão mais teórica sobre o currículo deixou à margem as discussões em torno das disciplinas escolares. Adotamos aqui a

18   Papirus Editora

classificação desenvolvida por Silva (2007), que diferencia três tipos de teorias do currículo: as teorias tradicionais, as críticas e as pós-críticas. Contudo, a classificação em teorias crítica e não crítica foi desenvolvida, inicialmente, por Saviani, na década de 1980, ainda que esse autor não as tenha denominado teorias do currículo, mas sim teorias da educação.

Concordamos com Silva (2007) quando aponta que é a questão das relações de poder que separa as teorias tradicionais das teorias críticas e pós-críticas do currículo. Para ele, as teorias tradicionais desejam ser apenas teorias neutras, científicas e desinteressadas, ao passo que as críticas e as pós-críticas alegam que nenhuma teoria é neutra, científica ou desinteressada, mas está, inevitavelmente, implicada em relações de poder.

No segundo capítulo – "Um olhar sobre a cultura" –, temos como objetivo discutir a *centralidade* da cultura para pensar as questões relacionadas a algumas ideias que não nascem nas teorias de currículo, mas que foram devidamente apropriadas por essas teorias, como poder, resistência e política. Para isso, recorremos às ideias de Moreira e Candau (2003), Hall (1997) e Neto (2003) para justificar a *centralidade* da cultura nas discussões envolvendo a educação, a escola, as disciplinas escolares e as relações de poder, resistência e política. Compartilhamos da ideia de Hall (1997, p. 15) de que "toda ação social é cultural, que todas as práticas sociais expressam ou comunicam um significado e, neste sentido, são práticas de significação", ou seja, toda prática social tem uma dimensão cultural, da mesma forma que as práticas políticas, econômicas, também têm uma dimensão cultural. Conforme Neto (2003), não se trata de assumir que a cultura é uma área de interesse epistemologicamente superior às demais instâncias sociais, mas sim que a cultura atravessa qualquer prática social imbuída de significado. Segundo Moreira e Candau (2003), ao aceitarmos esse fato, não há como recusar a estreita relação entre as práticas escolares e as culturas.

No terceiro capítulo – "O lugar da educação matemática" –, as discussões realizadas anteriormente auxiliarão na análise a respeito de qual o lugar assumido pela educação matemática, como saber, conhecimento e disciplina escolar, neste cenário em que a cultura é apresentada como central no debate envolvendo os saberes e as disciplinas escolares, as relações de poder, resistência e política. Essa análise será subsidiada por estudos no campo da educação matemática associados à temática de investigação "Contexto sociocultural e político do ensino-aprendizagem da matemática" e por uma revisão histórica do processo de organização e desenvolvimento curricular da matemática escolar no Brasil, ao longo do século XX, focalizando, particularmente, o papel da matemática em diferentes épocas, níveis escolares e documentos curriculares. Compartilhamos da ideia de Fasheh (1998) segundo a qual é um engano a crença em que a matemática escolar pode ser ensinada de modo efetivo e significativo, sem relacioná-la à cultura ou ao estudante individual, e acrescentamos que as conexões devem ser estendidas à dimensão política da educação matemática.

No quarto capítulo – "O currículo de matemática em perspectiva" –, temos como objetivo retomar e discutir as perguntas que nortearam o trabalho, tangenciado pela cultura, pelas teorias do currículo e pelas teorias e tendências em educação matemática. Consideramos que a aproximação dos estudos que realizamos sobre cultura, currículo e educação matemática subsidiará as discussões a respeito do desenvolvimento curricular da matemática escolar, em virtude, sobretudo, da presença, fortemente constatada, da dimensão cultural nos estudos envolvendo a educação matemática.

1
LUGARES

Neste capítulo investigaremos a centralidade ou não das disciplinas escolares nas diferentes perspectivas teóricas sobre currículo, já que, considerando-as centrais ou não, nenhuma teoria curricular as abandona. Pretendemos estudar também o silenciamento das discussões acerca das disciplinas escolares na área do currículo, desde que o currículo passou a ser visto como um dispositivo pedagógico qualquer, principalmente depois da importância dada à dimensão cultural nas discussões curriculares. Acreditamos que a discussão mais teórica sobre o currículo deixou à margem os debates em torno das disciplinas escolares.

Para conduzirmos a discussão sobre as disciplinas escolares e a sua centralidade ou não nas diferentes teorias do currículo, nós nos filiaremos à classificação dada por Silva (2000 e 2007) às diferentes teorias curriculares, quais sejam, tradicional, crítica e pós-crítica. Silva (2000) parte da noção de discurso para construir e classificar as diferentes teorias curriculares, ou seja, como o currículo tem sido definido, caracterizado, em diferentes épocas e em diferentes teorias, e quais são as perguntas a que essas teorias ou discursos curriculares procuram responder.

Segundo Silva (2000), as diferentes teorias do currículo buscam respostas e argumentos para discutir e justificar os conhecimentos que devem ser ensinados para que os sujeitos sejam modelados de acordo com o pensamento ideológico dominante na época, ou para que conheçam e governem a si próprios e a sociedade em que vivem.

Além do problema do conhecimento, há, nas diferentes teorias do currículo, as questões relacionadas à identidade e à subjetividade, pois, em consonância com Silva (2000), consideramos que, nos debates cotidianos, ao pensarmos no currículo, não pensamos somente em conhecimentos e saberes, mas também no fato de esses conhecimentos e esses saberes estarem fortemente marcados por nossas crenças, nossas concepções e nossas representações daquilo que somos e nos tornamos, isto é, estão marcados fortemente por nossa identidade e nossa subjetividade.

Ainda a respeito dos temas sobre os quais as diferentes teorias curriculares se debruçam, podemos colocar a questão do poder, na medida em que, ao selecionarmos e privilegiarmos certo tipo de conhecimento em detrimento de outro, bem como ao destacarmos uma determinada identidade ou subjetividade, estamos exercitando o poder.

> As teorias do currículo não estão, neste sentido, situadas num campo "puramente" epistemológico, de competição entre "puras" teorias. As teorias do currículo estão ativamente envolvidas na atividade de garantir o consenso, de obter hegemonia. (...) estão situadas no campo epistemológico social. (...) estão no centro de um território contestado. (Silva 2000, p. 15)

Conforme nos indica Silva, é a questão das relações de poder que separa as teorias tradicionais das teorias críticas e pós-críticas do currículo. Para ele, as teorias tradicionais desejam ser somente teorias neutras, científicas e desinteressadas, ao passo que as críticas e as pós-críticas alegam que nenhuma teoria é neutra, científica ou desinteressada, mas sim que todas estão inevitavelmente envolvidas em relações de poder.

Ainda em relação à classificação feita por esse autor, ele considera que os diferentes conceitos empregados pelas teorias curriculares as distinguem.

Neste sentido, as teorias críticas de currículo, ao deslocar a ênfase dos conceitos simplesmente pedagógicos de ensino e aprendizagem para os conceitos de ideologia e poder, por exemplo, permitiram-nos ver a educação a partir de uma nova perspectiva. Da mesma forma, ao enfatizarem o conceito de discurso em vez do conceito de ideologia, as teorias pós-críticas de currículo efetuaram um outro importante deslocamento na nossa maneira de conceber o currículo. (*Ibidem*, p. 16)

Neste estudo denominaremos conhecimentos científicos aqueles produzidos nas áreas de ciências exatas, médicas e biológicas; e conhecimentos das humanidades aqueles produzidos nas áreas de ciências humanas, mesmo entendendo que existem outros significados.

A fabricação dos saberes escolares a partir da história e da didática das disciplinas escolares

Ao descrevermos o nosso sistema educacional, mais particularmente a maneira como a educação formal é estruturada, sem nos preocuparmos com sua finalidade – seja ela educar para a vida, para o trabalho, transmitir cultura, diminuir as diferenças culturais, sociais, políticas, econômicas etc. –, diríamos que ele é regulado pelo Estado e vivenciado e praticado pela organização escolar. Esta, por sua vez, é constituída por um corpo diretivo, administrativo e docente, um currículo e disciplinas escolares.

Da organização escolar interessa-nos, neste estudo, desvelar dois elementos que a constituem: o currículo e as disciplinas escolares. De antemão, optamos por uma concepção de currículo que afirma ser ele, minimamente, um plano de formação educacional, teórica e ideologicamente construído.

O que podemos dizer sobre as disciplinas? Inicialmente, partimos do pressuposto de que as disciplinas escolares vigentes no Brasil desde a década de 1930, quando da criação do Ministério da Educação e do Desporto – como português, matemática, história, geografia, arte, ciências e educação física –, sofreram mudanças pouco drásticas na sua constituição, resistindo, portanto, aos acontecimentos constitutivos da história do país, na sua acepção mais ampla. Não afirmamos, por exemplo, que o conhecimento matemático ensinado na década de 1940 é o mesmo de hoje, mas que a disciplina escolar matemática estava presente tanto naquele período quanto agora. Presumimos que as disciplinas escolares também têm resistido às reformas e às teorias educacionais e curriculares.

Tomamos ainda como pressuposto o fato de que os conhecimentos que caracterizam cada disciplina escolar não representam a vulgarização dos conhecimentos das áreas de referência. Nesse sentido, destacam-se duas vertentes que defendem significados diferentes para as relações entre os saberes científicos e os saberes escolares. A primeira, relacionada à didática das disciplinas, mais especificamente à didática da matemática proposta por Chevallard, constituiu-se "de notas preparatórias para um curso dado [por Chevallard] por ocasião de um curso da Primeira Escola de Verão de didática da matemática, que aconteceu em Chamrousse de 7 a 19 de julho de 1980" (Chevallard 1991, p. 11). Esse autor defende que o conhecimento a ser ensinado nas escolas é resultado de uma transposição didática dos conhecimentos das áreas de referência, isto é, o saber de referência é transformado didaticamente, tornando-se um saber ensinável. A segunda vertente relacionada à história das disciplinas escolares, defendida por Chervel (1990), considera que o conhecimento produzido pela escola é criado *para* e *na* escola; logo, não é uma pedagogização dos saberes das ciências de referência.

Noção de disciplina escolar como categoria histórica

Até a segunda metade do século XIX, a palavra "disciplina" designava o policiamento feito nos estabelecimentos escolares, "a repressão das condutas prejudiciais à sua boa ordem e aquela parte da educação dos alunos que contribui para isso" (Chervel 1990, p. 178). Na segunda metade do século XIX, o termo passa a ser sinônimo da ginástica intelectual, ou melhor, sinônimo de formação do espírito, do julgamento da razão. Após a Primeira Guerra Mundial, segundo Chervel, o termo "disciplina" começa a ser relacionado a qualquer matéria de ensino, separado da ideia relacionada às exigências da formação do espírito.

A partir do momento em que se questiona a universalidade do estudo das línguas antigas (como as únicas que desenvolvem as faculdades mentais das crianças), as ciências ditas duras são reconhecidas como fundamentais para o desenvolvimento cognitivo e social do aluno. Surge, assim, a palavra "disciplina" com o significado de "conteúdos de ensino".

Segundo Chervel (1990, p. 180), os conteúdos de ensino estão no interior das disciplinas escolares e são próprios da escola, entidade *sui generis* e independente, de certo modo, de toda e qualquer prática cultural "fora dos muros da escola", desfrutando, todavia, "de uma organização, de uma economia interna e de uma eficácia que elas não parecem dever a nada além delas mesmas, quer dizer, a sua própria história".

Do ponto de vista de Chervel, a escola é o lugar de criação de uma cultura transitória (aprender as disciplinas escolares), essencial para ascender à cultura superior. Para ele, a escola tem dois objetivos: a instrução escolar, normalmente a única a ser considerada, e a criação das disciplinas escolares. A sociedade entrega à escola a função de instrução, e, para atender a essa solicitação, a escola cria as disciplinas escolares a seu modo, o que depois influencia, furtiva e disfarçadamente, na cultura da sociedade global. No final das contas, ao contrário do que pensa o senso comum, assistimos à inversão dos papéis: os conhecimentos que foram criados pela escola acabam agindo na ciência que deveria dar origem a eles.

Segundo Valente (2003, p. 4), o estudo a respeito dos saberes escolares, baseado na história das disciplinas escolares, deveria ocorrer, preferencialmente, no intramuros da história da educação escolar:

> Envolvido com todo tipo de documentação escolar acumulada ao longo do tempo, o pesquisador terá por tarefa elaborar a narrativa que explicite a produção dos diferentes saberes escolares historicamente secretados pela escola. (...) Assim, como ponto de partida, e também

como resultado, a escrita dessa história revelaria a autonomia do saber escolar face ao saber científico.

Algumas ideias sobre a transposição didática

Segundo Pais (1999), o saber ensinado na escola se origina do saber científico; entretanto, sofre várias transformações, até que possa ser compreendido pelos alunos. Essas transformações recebem o nome de transposição didática, e o produto dessa transformação é um saber descontextualizado e despersonalizado.

> O saber produto dessa transformação será um saber exilado de suas origens, e, portanto, cortado de sua produção histórica dentro da esfera do saber científico, legitimando-se, enquanto saber ensinado, por não pertencer a um determinado tempo ou lugar, e não se legitimando pelo recurso a autoridade, qualquer que seja. (Chevallard 1991, p. 17)

O saber ensinado – isto é, as disciplinas escolares – "supõe um processo de naturalização, que lhe confere evidência incontestável das coisas naturais; sobre essa natureza 'dada' a escola estende então sua jurisdição, fundadora de valores que, a partir de então, administram a ordem didática" (*ibidem*).

Quando dissertamos sobre a transposição, podemos sempre relacionar a existência de um saber específico, assim como, quando admitimos um determinado saber, podemos pensar a existência de um movimento de transposição, ou seja, as ideias de transposição e saber estão interligadas. Numa análise didática, existe a necessidade de definir mais precisamente o que é saber e o que é conhecimento.[1] O saber está associado a um contexto científico, histórico e cultural, ao passo que o conhecimento está mais ligado ao contexto individual e subjetivo, isto é, o conhecimento tem um caráter mais experimental. Brosseau

---

1. Não faremos distinção entre as palavras "conhecimento" e "saber", por entendermos que são sinônimas.

(*apud* Almouloud 1997) faz uma distinção entre conhecimento e saber, remetendo a questão para a análise das situações didáticas envolvidas. Desse modo, o saber aparece associado ao problema da validação do conhecimento, enquanto o conhecimento aparece vinculado a algum tipo de ação com a qual o sujeito tem um contato mais pessoal.

No desenvolvimento de toda prática educativa, é necessário estabelecer prioridades na condução dos procedimentos pedagógicos. Uma dessas prioridades é a seleção de conteúdos do currículo escolar, denominado saber escolar, que tem origem no saber científico, segundo Chevallard (1991).

O saber escolar sofre influências do saber científico e de outras fontes. O conjunto dessas outras fontes recebe, segundo Chevallard, o nome de "noosfera", e dela fazem parte cientistas, professores, especialistas, políticos, autores de livros etc. A noosfera acaba influenciando e conduzindo o processo de ensino, na medida em que é ela que seleciona os elementos do "saber sábio" (Chevallard 1991) que são conduzidos ao saber a ensinar e submetidos ao trabalho da transposição didática.

As didáticas das disciplinas visam teorizar as relações entre conteúdos disciplinares e conhecimentos de referência e aplicar a sua teoria à história das disciplinas. Essas análises repousam mais frequentemente sobre a noção de transposição didática. O processo que transforma um saber dado num saber transmissível dentro de um quadro escolar supõe a dessincretização, a despersonalização e a organização do saber em programas-sequências, isto é, em conteúdos matemáticos que são organizados de maneira sequencial e linear, segundo o paradigma educacional tradicional. O objeto do saber se encontra recolocado por um objeto didático original.

A noção de transposição didática foi retomada quase que na sua totalidade por Yves Chevallard.

> Em geral, lê-se que essa ideia foi introduzida por Yves Chevallard, no início dos anos 80; na realidade, ela se propagou antes no IREM

de Aix-Marsellha, no grupo de pesquisa coordenado precisamente pelo próprio Chevallard. (D'Amore 2007, p. 224)

Esse autor tomou a noção com o objetivo específico de construir um modelo teórico que pudesse dar legitimidade científica à reflexão didática nos Instituts de Recherche sur l'Enseignement des Mathématiques (Irem). No esquema de Chevallard, o objeto do saber implica o objeto a ensinar que implica o objeto de ensino.

Em consonância com Valente (2003), consideramos que o modelo de Chevallard tem um duplo mérito que explica o seu sucesso. Inicialmente, ele permite compreender o episódio da reforma da Matemática Moderna, podendo interpretar a transposição didática como uma esquematização muito grosseira do que se passou na França, no ensino de matemática, nos cursos das décadas de 1960 e 1970. Ele fornece, também, aos didatas das disciplinas uma justificativa para sua intervenção em cada uma das etapas da transposição didática; primeiramente, quando da passagem do saber sábio ao saber a ensinar (aqui, contra os especialistas universitários de cada disciplina); em seguida, quando da passagem do saber a ensinar ao saber ensinado (aqui, contra os especialistas da psicopedagogia).

Segundo Valente (2003), a compreensão dos saberes escolares, do ponto de vista da transposição didática, ocorre ao analisarmos a procedência dos conceitos derivados dos saberes científicos que, em determinado momento, sofreram o processo da transposição. Portanto, por essa perspectiva, "o significado dos conteúdos escolares deverá ser buscado na história das transposições efetuadas para constituí-lo" (p. 5).

Analisando as duas vertentes

A transposição didática se tornou, hoje, um paradigma da didática francesa. O modelo é imposto à didática das matemáticas. A teoria das práticas de referência não mantém uma simples variante, ela não transpõe apenas os saberes, mas também as práticas sociais, abrindo, assim, espaço para os trabalhos didáticos em dimensão histórica. A obra de Chervel, em contrapartida, é considerada, frequentemente, pelos didatas, uma ilustração histórica dessa época (oposição entre a gramática escolar e a gramática científica).

É conveniente mencionar os riscos do uso sistemático da teoria da transposição didática na história das disciplinas, dado que essa teoria descontextualiza radicalmente a "situação didática", reduzindo o mundo exterior (fora da escola) a um conjunto de referências. O modelo construído é fechado. A operação é definida pelo didata, um domínio da ação que lhe é próprio, ao passo que o historiador se esforça em construir um modelo aberto, levando em conta o entendimento, a diversidade e a temporalidade próprios do mundo social. Não se trata somente de considerar os elementos esquecidos no modelo, como as práticas de referência. É a própria lógica global do modelo que está aqui em causa.

Chevallard e seus discípulos utilizam a expressão "saber sábio", a qual está ligada a uma concepção pronta e acabada de ciência, que já foi renunciada pela história da ciência há muito tempo. O historiador das disciplinas deve se recusar a se fechar, *a priori*, na instituição escolar e menos ainda em uma situação didática, devendo construir antecipadamente, e para cada momento, o contexto específico do seu objeto de estudo.

Tanto o modelo disciplinar proposto por Chervel quanto o modelo didático proposto por Chevallard são restritivos para a compreensão dos saberes escolares. Em relação ao trabalho de Chervel, a crítica se apoia no fato de que o seu modelo torna "anacrônico o uso do conceito de disciplina escolar, para compreender o significado de todo e qualquer saber escolar, como categoria histórica" (Valente 2003, p. 7).

Concordamos com Valente quando defende que enquadrar a trajetória de qualquer saber escolar, em qualquer época, nos limites do modelo disciplinar seria um reducionismo: "Não caberia, portanto, ao pesquisador dos saberes escolares, confinar-se na história da ambiência escolar para dela retirar os conteúdos de ensino nela produzidos sob a forma de exposição, exercícios, técnicas e provas" (*ibidem*, p. 8).

Em relação à transposição didática, para Valente, o modelo não serve como categoria histórica para fins de compreensão do significado dos saberes escolares, pois descontextualiza, sobremaneira, a situação didática, reduzindo o mundo fora da escola a um conjunto de referências que o circunda, o restringe.

> (...) a busca da compreensão de como se organizaram os saberes deve seguir, justamente, a marcha contrária àquela proposta pela transposição didática, isto é, a saída de um modelo fechado para a construção de esquemas abertos que levem em conta a extensão, a diversidade e a temporalidade própria do mundo social. (Valente 2003, p. 8)

Para Valente, a crítica ao modelo proposto por Chevallard se dá no âmbito da nova história da ciência (NHC),[2] pois se entende que a transposição didática potencializa a ideia de saber científico, há muito abandonada pela história da ciência. Na visão da NHC,[3] esses dois modelos engessam o desenrolar histórico das disciplinas escolares.

> Os novos significados atribuídos às práticas científicas pela NHC permitem afastar os modelos prontos que poderiam conformar e explicar as relações entre os saberes científicos e escolares de modo anistórico, isto é, modelos aplicáveis em qualquer época e lugar da trajetória de constituição dos saberes. (*Ibidem*, p. 9)

---

2. "A partir da metade dos anos 1980, a História das Ciências conheceu uma profunda renovação. (...) conheceu uma inflexão que encontra suas origens nas abordagens contestatórias desenvolvidas a partir do início dos anos 1970 e que visa redefinir a natureza das práticas científicas. Tais abordagens foram o resultado do trabalho de um grupo que atuou de maneira bastante coordenada até a metade dos anos 1980, grupo esse formado por jovens sociólogos, antropólogos, filósofos e historiadores" (Pestre 1996, p. 4).

3. "(...) a grande contribuição da NHC, para o entendimento do significado dos saberes escolares, situa-se no alerta de que todo saber escolar para ser estudado deve levar em conta a reconstrução dos contextos específicos de sua produção e apropriação" (Valente 2003, pp. 8-9).

Em consonância com as ideias de Valente, presumimos que o modelo disciplinar pode ser considerado adequado para uma determinada época e saber, mas inadequado para outro saber, como, por exemplo, para a escolarização dos saberes científicos. Da mesma forma, o modelo didático não goza do privilégio universalista dos saberes das humanidades, mantendo inalterados os saberes das ciências de referências, como fonte de explicação da composição dos saberes escolares. "A redefinição do entendimento do que são práticas científicas, operadas pela NHC, dá-nos a possibilidade de perceber os saberes escolares como uma das formas de apropriação e reelaboração das práticas científicas" (*ibidem*, p. 10).

O ensino é peça importante na constituição dos saberes científicos, pois a produção desses saberes pressupõe a sua reprodução pelos saberes escolares. Ou seja, poderíamos entender que a manutenção da produção científica só é possível se a escola difundir esse conhecimento, por meio dos saberes escolares, o que não evidencia, em nosso ponto de vista, a vulgarização dos conhecimentos científicos, mas a sua adequação à idade escolar.

Em nossa compreensão, os dois modelos limitam-se por contemplar apenas determinado tipo de saber e época. O modelo disciplinar trata do ensino de francês, no período compreendido entre 1850 e 1950; e o modelo didático trata do ensino de matemática, no período compreendido pelo Movimento da Matemática Moderna, na década de 1950. São bons modelos quando analisados especificamente, mas limitados quando generalizados.

Concordamos com Valente (2003, p. 69) que o saber escolar não é idêntico ao saber científico, historicamente acumulado, mas entendemos que a manutenção da produção do saber científico passa por sua transmissão via saber escolar e que ele "é o resultado de um saber produzido socialmente e apropriado por camadas dominantes da sociedade capitalista cuja intenção não é transformar a escola numa instituição social que possa representar ameaça à sua hegemonia".

Os lugares privilegiados das disciplinas escolares

Concluídas as considerações feitas anteriormente, situaremos na sequência o papel das disciplinas escolares ao longo do século XX, em consonância com as diferentes teorias de currículo discutidas neste trabalho. Ao fazer isso, pretendemos estudar os lugares reservados às disciplinas escolares, nas diferentes teorias curriculares.

Incrementos da teoria tradicional do currículo

Na época de Bobbitt, Charters, Tyler e outros, as disciplinas escolares eram importantes para o desenvolvimento da eficiência social – tinham, portanto, uma utilidade social. De um lado, havia o conhecimento prático, e, de outro, o acadêmico. As disciplinas escolares, assim, tanto instrumentalizavam para a vida, o trabalho, quanto para o prosseguimento dos estudos.

Consideramos que há pelo menos duas possibilidades de encarar as disciplinas e os saberes escolares. Na primeira, as disciplinas e os saberes escolares são fins em si mesmos, ou seja, o objetivo principal é o desenvolvimento dos conhecimentos disciplinares, da matemática, da ciência, da história, da geografia, da língua materna etc.; na segunda, as disciplinas e os saberes escolares são meios para alcançar fins mais gerais, relacionados à sociedade local, como o desenvolvimento de habilidades e a construção de competências cognitivas.

Trata-se de uma discussão que aparentemente não tem fim, sobretudo se analisarmos as mudanças curriculares havidas no Brasil, nas últimas décadas do século XX. Educação para a vida, para o trabalho ou para o prosseguimento dos estudos? Caráter prático ou propedêutico?

A teoria curricular de autores como Bobbitt (2004), Tyler (1976), Taba (1974), entre outros, colocava as disciplinas escolares como centrais para o desenvolvimento social, por meio do modelo curricular formado pela tríade objetivo-metodologia (experiências de aprendizagem)-avaliação, difundido na década de 1940, principalmente por Ralph Tyler, ou seja, o currículo como planificação. Essa teoria curricular é por nós entendida como tradicional, principalmente pelo caráter de neutralidade imposto às disciplinas escolares e, por conseguinte, à escola e à educação. Consideramos que, nessa teoria curricular, a escola era concebida como uma instituição que servia aos propósitos de uma educação voltada para o progresso social e econômico.

A eficiência da escola era medida por meio de um sistema de gestão científica oriundo da indústria, o Sistema Taylor de Gestão. A interferência da indústria e do comércio na escola era grande, com o argumento de que era necessário educar todos os cidadãos para que o progresso pudesse ocorrer, e que a melhor maneira de tornar essa educação eficiente seria por meio de uma gestão científica. As ciências e a matemática se tornaram as disciplinas escolares de "*status* elevado", legítimas, a partir do momento em que a escola de massa surgiu com o objetivo de ascender ao progresso social e econômico. A escola era vista como uma instituição neutra, que não privilegiava nenhuma classe ou grupo social em particular.

As disciplinas escolares na teoria tradicional do currículo

O currículo da educação escolar é organizado com base nas disciplinas escolares, e essas são as responsáveis pela distribuição do saber escolar. Na opinião de Taba, essas disciplinas são importantes para a transmissão da herança cultural e para alcançar os objetivos propostos à educação.

> A escola tem por missão pôr à disposição da criança ou do adolescente uma seleção do capital intelectual, emocional e técnico com o qual a sociedade conta. É a este capital que tenho designado como "tradições públicas". (*Apud* Stenhouse 1991, p. 31; trad. nossa)

A escola ensina múltiplas e diversas tradições públicas, dentre as quais se destacam os conhecimentos, as artes, as habilidades, as linguagens, as normas e os valores. Segundo Stenhouse, essas tradições públicas são partes constituintes da cultura, e esta, por sua vez, define-se como o conceito apropriado pelas ciências sociais, quando buscam percorrer a estrutura social do conhecimento, as capacidades, os costumes e as crenças, com a intenção de compreender a origem desses conhecimentos, como eles são apropriados e utilizados pela sociedade.

Essa definição de cultura é de Tyler, que a toma como "aquela totalidade complexa que inclui conhecimento, crenças, arte, moral, leis, costumes e outras capacidades adquiridas pelo homem como membro da sociedade" (*apud* Stenhouse 1991, p. 32).

Para Stenhouse, o conteúdo da educação é transmitido, aprendido e compartilhado, no mesmo sentido dos três atributos dados à cultura, indicados por Talcott Parsons: "(...) em primeiro lugar, a cultura é transmitida, constitui uma herança ou uma tradição social; em segundo lugar, é aprendida, não é uma manifestação, com conteúdo particular, da constituição genética do homem, e, em terceiro lugar, é compartilhada" (*ibidem*).

Assim, a cultura é um importante conceito para o currículo, tornando-se mercadoria de consumo intelectual, do qual as escolas se apropriam e extraem os saberes e os conhecimentos da educação.

As tradições públicas consideradas por Stenhouse como parte da cultura são veiculadas e distribuídas pela escola, por meio das disciplinas escolares. Essas disciplinas são constituídas fora da escola, por meio dos corpos de conhecimentos associados às disciplinas acadêmicas, qual seja, o saber sábio.

Contudo, os saberes escolares não provêm apenas das disciplinas acadêmicas (das áreas de referências), como no caso do campo das artes, que não é comumente criado nas universidades, ou melhor, "as universidades não incluem as artes da mesma maneira que as disciplinas acadêmicas formais, e precisamente por isso elas não desenvolvem trabalho criativo neste sentido" (Stenhouse 1991, p. 37).

No modelo curricular citado, segundo Taba, cada disciplina escolar tem pelo menos duas características principais: sua própria reserva de informação adquirida e um método específico de investigação, uma estratégia para adquirir o seu conhecimento.

Segundo Downey (*apud* Taba 1974), o estudo de uma disciplina deverá, inicialmente, desenvolver habilidades, atitudes e hábitos disciplinados necessários para desvelar o conhecimento novo na sua especialidade, e, posteriormente, adquirir reserva privilegiada de informação capaz de ser dominada dentro dos limites do tempo disponível para essa disciplina.

Para Taba, existem concepções distintas acerca das funções das disciplinas escolares no currículo. De um lado, elas são importantes *per se*, pois "cada fragmento de cada disciplina tem um valor inerente e omitir uma vírgula dela produz uma rachadura no edifício educacional e na formação dos estudantes" (Taba 1974, p. 230; trad. nossa). De outro lado, considera-se que a fonte do impacto educativo está não no conteúdo, mas na atividade mental que o estudante ou o professor apresentam, e, por isso, as disciplinas escolares, nesse caso, não possuem funções únicas, "exceto como corpos de conhecimento específico de 'herança cultural' digno de ser contemplado por si mesmo (...)" (*ibidem*, p. 231).

Cada um desses extremos produz efeitos sobre os processos cognitivos.

> No primeiro, (...) a estrutura da matéria [disciplina] afeta a disciplina mental de qualquer forma que seja ensinada ou aprendida e, além disso, que matérias [disciplina] tais como matemática e física produzem este impacto em maior escala que outras. No segundo, (...) qualquer matéria [disciplina] pode ser igualmente eficaz ou ineficaz, segundo os métodos de instrução e aprendizagem que se empreguem. (*Ibidem*)

Para Taba, ambos os extremos agem como critérios para a elaboração do currículo, frequentemente trabalhando como pressupostos ocultos na maneira de selecionar e organizar o conteúdo e de determinar quais são seus fundamentos; contudo, não se sustentam quando formulados separadamente no delineamento das funções das disciplinas escolares no currículo. A autora considera que uma análise mais aprofundada da natureza do conhecimento e a distinção mais clara dos níveis de conteúdos e das diferenças das funções para as quais servem esses níveis poderiam contribuir significativamente para o debate envolvendo a função das disciplinas escolares no currículo. Nesse sentido, ela divide o conhecimento das disciplinas escolares em quatro níveis: os fatos e os processos específicos; os princípios e as ideias básicas; os conceitos; e os sistemas de pensamento.

Conforme nos indica Taba, em relação aos fatos e aos processos específicos, seu domínio não produz ideias novas, tampouco incentiva a mente a prosseguir, e, por isso, sua função no processo de aprendizagem é efêmera, apesar de esses fatos e esses processos serem compreendidos como as matérias-primas pelas quais se formam os conceitos e as ideias.

Os princípios e as ideias básicas representam a estrutura da disciplina escolar, na medida em que são as ideias que relatam os fatos de generalidade, e, consequentemente, quando compreendidos, os fatos são úteis para explicar fenômenos específicos.

> As ideias básicas controlam uma margem mais ampla da matéria [disciplina], organizam as relações entre os fatos e, com ele, proporcionam o contexto para o discernimento e a compreensão. (...) constituem os fundamentos, no sentido de que, elegidas cuidadosamente, representam a compreensão mais necessária sobre uma matéria [disciplina] ou uma especialidade e constituem, assim, em um sentido, o currículo essencial para todos (...). (Taba 1974, p. 236)

Segundo essa autora, os conceitos são sistemas complexos de ideias altamente abstratas que somente podem ser estruturadas mediante sucessivas experiências em uma variedade de contextos. Não podem ser isolados em unidades específicas, mas sim entrelaçados na teia curricular e desenvolvidos em forma espiral.

O último nível são os sistemas de pensamento e os métodos de investigação, compostos por proposições e conceitos que conduzem o curso da investigação e do pensamento, dado que cada disciplina escolar é organizada, possivelmente, em torno desses sistemas e métodos que, ao se entrelaçarem, "orientam as perguntas que são formuladas, o tipo de respostas elegidas e os métodos mediante os quais elas são encontradas" (*ibidem*, p. 237). Com base nesses quatro níveis, cada disciplina escolar oferece algo singular à educação dos estudantes. Essa singularidade se evidencia "no nível da informação relativa aos fatos, porém a detenção de semelhanças e diferenças na contribuição das disciplinas escolares à aprendizagem é mais crucial no nível das ideias e dos princípios" (*ibidem*, p. 240).

Para essa autora, cada disciplina produz um tipo específico de pensamento. As disciplinas diferem nas exigências lógicas que impõem aos estudantes, independentemente do tipo de método de instrução utilizado e do rigor da atividade intelectual exigido por esses métodos. Elas também se diferem por ter linguagens e cânones próprios, por exigir um nível de abstração mais elevado, por suas singularidades ao descrever, analisar e conjecturar fatos, princípios e relações causais.

> Neste sentido, cada disciplina tem a sua própria lógica, seu modo de interpretar e organizar os acontecimentos e os fenômenos com os quais trata, razão pela qual também cada disciplina aborda por um ângulo diferente o entendimento que tem sobre o mundo. Por essa razão, cada disciplina tem uma repercussão diferente sobre a mente e oferece um tipo diferente de exercício mental. (*Ibidem* p. 241)

A compreensão do impacto causado por essas disciplinas no pensamento dos estudantes ajudaria na consecução do currículo escolar, na perspectiva em que os conteúdos são considerados centrais.

Para Taba, as disciplinas escolares e os saberes desenvolvidos, sejam eles relacionados aos conhecimentos científicos ou das humanidades, são importantes para o amadurecimento cognitivo dos estudantes.

Não há indícios no texto de Taba de que as disciplinas escolares sejam instrumentos para alcançar metas externas à escola. Tal ausência

Currículo, cultura e educação matemática   37

pode ser justificada pelo fato de essa autora filiar-se a uma perspectiva teórica curricular em que a educação, a escola e, por conseguinte, as disciplinas escolares possuem um caráter de neutralidade.

O modelo de gestão científica adotado pela escola, que tinha como intenção fazer com que os futuros trabalhadores chegassem ao mercado de trabalho familiarizados com as rotinas de trabalho, não influenciou ou provocou mudanças na forma de conceber o saber escolar, por meio das disciplinas escolares. Em nossa percepção, o modo como o currículo era organizado, seguindo o modelo curricular de Tyler, era suficiente para garantir a eficiência social via educação formal, mesmo tendo os objetivos das disciplinas escolares *per se*.

Incrementos da teoria crítica do currículo

A abordagem crítica trata, inicialmente, de refutar a neutralidade da escola; para Apple (1999, 2002 e 2006), Giroux (1983 e 1986) e Santomé (1995), ela serve aos propósitos hegemônicos da ideologia dominante. Surgem as teorias de reprodução social e cultural que legitimam a escola como um aparelho ideológico do Estado. Os conhecimentos científicos e matemáticos são tratados como legítimos, e o seu ensino serve aos ideais dominantes.

Esses conhecimentos são pouco acessíveis e, em decorrência disso, não estão disponíveis a todos os indivíduos, dos diferentes grupos sociais; e é aceito (da mesma forma que se aceitam certas taxas de desemprego) que alguns indivíduos das classes menos favorecidas tenham dificuldade em obtê-los. O estudo do currículo oculto tem papel importante na teoria crítica, bem como os estudos de Willis (1977), Hebdige (1979) e Corrigan (1979) que passam a considerar a escola um local de luta e de resistência e não só de reprodução. O currículo aqui é muito mais do que a tríade anterior, pois incorpora conceitos como o de hegemonia, ideologia, resistência e poder.

No que se segue, será feita uma discussão sobre o currículo oculto e as diferentes concepções da escola e da educação, quais sejam, produtora social, aparelho ideológico do Estado, reprodutora cultural, temas tão caros para a teoria crítica do currículo.

O currículo oculto

O conceito de currículo oculto, apesar da sua disseminação nas teorias críticas, sobretudo nos trabalhos de Bowles e Gintis (1976), de Althusser (1985) e de Bernstein (1977), tem origem, segundo Silva (2000), no campo mais conservador da sociologia funcionalista a partir dos trabalhos de Philip Jackson (1968) e Robert Dreeben (1968a e 1968b).

> Esses autores funcionalistas já destacavam a determinação estrutural do currículo oculto. Eram as características estruturais da sala de aula e da situação de ensino, mais do que o seu conteúdo explícito, que "ensinavam" certas coisas: as relações de autoridade, a organização espacial, a distribuição do tempo, os padrões de recompensa e castigo. (Silva 2000, p. 82)

Do ponto de vista de Silva, o currículo oculto é formado por todos os aspectos do intramuros da escola que não se referem ao currículo oficial, explícito, e contribuem implicitamente e de maneira significativa para as aprendizagens dos alunos.

Consideramos relevante discutir a ideia de currículo oculto, pois nos credencia a tratar, com mais criticidade, o modo como os saberes escolares, que estão disponíveis nas disciplinas escolares, são difundidos por intermédio dos conhecimentos científicos e das humanidades.

Para Santomé (1995), ao analisarmos o currículo praticado nas escolas, é necessário que utilizemos mais as metodologias etnográficas e participativas, em conjunto com as análises mais amplas, para que possamos considerar as inter-relações entre o sistema educativo e as outras esferas sociais. Assim, será possível enxergarmos com mais clareza as conexões entre os currículos escolares (explícito e oculto) e os interesses econômico, cultural e político. Esse autor considera que o currículo oculto desempenha um papel de destaque na configuração de

Currículo, cultura e educação matemática 39

significados e valores dos quais os professores e os alunos, normalmente, não estão plenamente conscientes.

Para Giroux (1986), em essência, o currículo oculto representa as normas, as crenças e os valores imbricados e transmitidos aos alunos por meio de regras subjacentes que estruturam as rotinas e as relações sociais na escola e no cotidiano da sala de aula. As análises acerca do currículo oculto têm de ir além do estudo sobre o seu funcionamento como veículo de socialização; deve-se percebê-lo como um órgão de controle social, que contribui de maneira decisiva para proporcionar formas diferenciadas de escolarização para grupos distintos de estudantes.

> Analisar o sistema educativo e, por conseguinte, o que os cidadãos e cidadãs aprendem com a sua passagem pelas instituições escolares implica prestar atenção não só ao que denominamos currículo explícito, mas também ao currículo oculto. (Santomé 1995, p. 201)

Assim, o currículo explícito, prescrito, oficial tem suas intenções claramente descritas, diretamente indica a legislação, os conteúdos mínimos obrigatórios, os projetos educativos da escola e o currículo praticado pelos docentes. Já o currículo oculto faz menção àqueles conhecimentos, habilidades, atitudes e valores que se adquirem "implicitamente" mediante a participação no cotidiano do processo de ensino e aprendizagem.

> O currículo oculto costuma incidir no reforço dos conhecimentos, procedimentos, valores e expectativas mais de acordo com as necessidades e interesses da ideologia hegemônica desse momento sócio-histórico. (...) No entanto, o desenvolvimento do currículo oculto nem sempre vai à direção de uma consolidação dos interesses dos grupos sociais dominantes e das estruturas de produção e distribuição vigentes. (*Ibidem*)

Santomé nos informa ainda que o currículo oculto pode servir também como um foco de resistência à instituição escolar, bem como à ideologia dominante. As escolas da educação básica estão estruturadas para transmitir conteúdos culturais com a finalidade de preparar os estudantes para, no futuro, desempenharem os papéis demandados por um modelo de sociedade definido por interesses dos grupos sociais dominantes; e também para auxiliar na produção de conhecimento legítimo com o intuito de expandir mercados, controlar a produção, o trabalho das pessoas etc. Contudo, novamente, acreditamos que o caminho seja de mão dupla, o que significa que a produção desse conhecimento pode também servir aos grupos sociais menos favorecidos.

É imprescindível que o currículo oculto se vincule à noção de libertação, fundamentada nos valores de dignidade pessoal e justiça social, pois, desse modo, a "essência do currículo oculto seria estabelecida no desenvolvimento de uma teoria da escolarização preocupada tanto com a reprodução quanto com a transformação" (Giroux 1986, p. 89).

Para Giroux, o currículo oculto ocupa um papel central no desenvolvimento de uma teoria crítica do currículo e tem como função analisar não somente as relações sociais da sala de aula e da escola, mas também os "silêncios" estruturais e as mensagens ideológicas que modelam a forma e o conteúdo do conhecimento escolar. É necessário analisar dialeticamente as relações entre o currículo oculto e a escolarização para que a educação seja percebida como um processo da sociedade "em que diferentes grupos sociais aceitam e também rejeitam as mediações complexas da cultura, do conhecimento e do poder que dão forma e significado ao processo de escolarização" (*ibidem*).

A escola também deve ser vista como uma instituição que tem relação direta com a realidade das instituições socioeconômicas e políticas as quais controlam a produção, a distribuição e a legitimação do capital econômico e cultural da sociedade dominante, e tal análise só é significativa se acompanhada de uma compreensão de como o poder e o conhecimento ligam as escolas às desigualdades produzidas nas esferas superiores da ordem social.

Segundo Jackson (*apud* Apple 2006), o currículo oculto diz respeito às normas e aos valores que são implícitos, mas eficazmente ensinados nas escolas e sobre os quais o professor em geral não fala nas declarações de metas e objetivos. Para Apple, a hegemonia é criada e recriada pelo *corpus* formal do conhecimento escolar, e também pelo ensino oculto que aconteceu e continua a acontecer.

> O que frequentemente era, no passado, uma tentativa consciente, por parte da burguesia, de criar um consenso que não existia se tornou agora a única interpretação possível das possibilidades sociais e intelectuais. O que era antes uma ideologia sob a forma de interesse de classe se tornou agora a definição da situação na maior parte dos currículos escolares. (Apple 2006, p. 125)

O pensamento de Apple descrito acima dá a noção clara da relação entre o currículo oculto e o que ele denomina conflito (oposto de consenso). Uma leitura que podemos realizar é a de que houve realmente a perpetuação de um modelo educacional que privilegia os mais favorecidos cultural e economicamente, por meio do conhecimento legítimo, com base nas áreas de ciências e matemática e que maximiza esse conhecimento. O currículo oculto, para Apple, confirma a perpetuação e a falta do conflito, seja em qual disciplina ou aula for, consente, acomoda a situação.

> O currículo oculto das escolas serve para reforçar as regras básicas[4] que envolvem a natureza do conflito e seus usos. Ele impõe uma rede de hipóteses que, quando internalizadas pelos alunos, estabelece os limites de legitimidade. (*Ibidem*, p. 130)

Para sair dessa inércia educacional, a proposição do uso mais do conflito do que do consenso nas aulas, tanto das disciplinas de

---

4. Segundo Apple (2006), as regras constitutivas ou básicas são como as regras de um jogo: parâmetros amplos nos quais as ações ocorrem. As regras servem para organizar e legitimar a atividade dos muitos indivíduos cuja interação constitui a ordem social.

humanidades e artes quanto das de ciências e matemática, pode ser um fator determinante para que seja iniciada uma discussão sobre o papel da escola nas diferentes comunidades em que ela se insere.

A importância do termo "conflito" vai além das funções de produção e socialização da escolarização, pois "o modo como se lida com ele ajuda a fixar a noção de como o aluno sente os meios legítimos de buscar recursos dentro de uma sociedade desigual" (Apple 2006, p. 127).

Apple considera que a "aprendizagem incidental" contribui fortemente para a socialização política do aluno. Considera também que o tratamento negativo dado ao conflito não é uma prerrogativa das áreas de humanidades e artes, mas também das ciências e da matemática que simplesmente não tratam do conflito, pois se escondem atrás da sua objetividade, da sua perspectiva ideológica estática.

A elaboração e a organização do currículo por meio dos elementos que o compõem hipoteticamente seguem uma posição negativa diante do conflito e consideram os homens e as mulheres como "recipientes de valores e instituições, e não como criadores e recriadores de valores e instituições" (*ibidem*, p. 129). As duas hipóteses influenciam as orientações fundamentais que ordenam a experiência.

A escola e a educação

Para Apple, a educação não é neutra (conforme sugerido pela teoria educacional tradicional), na medida em que não se trata de um empreendimento neutro em termos de seus resultados econômicos. Embora as escolas sirvam, de fato, aos interesses de muitos indivíduos, elas também atuam empiricamente como agentes poderosos na reprodução cultural e social. O conhecimento presente nas escolas é uma escolha feita a partir de um universo muito maior de conhecimentos e princípios sociais disponíveis, ou seja, é um capital cultural que vem de alguma parte e que reflete as perspectivas e as crenças de segmentos poderosos de nossa coletividade social.

Para Santomé, com base, principalmente, nas ideias marxistas, surge todo um conjunto de teorias sobre as escolas nas quais elas não são mais consideradas instituições isoladas, sem conexão com o contexto político, cultural e econômico no qual estão inseridas, mas instituições que exercem um papel importante na reconstrução, na difusão e no controle dos conteúdos culturais e das subjetividades que condicionam os comportamentos.

> Nessas perspectivas, aceita-se que toda a bagagem cultural que a escola veicula não consiste em "universais *a priori*", mas que se trata, ao contrário, de construções sócio-históricas ou, o que é a mesma coisa, de resultados das confrontações de grupos sociais com interesses econômicos, políticos, culturais e religiosos específicos. (Santomé 1995, p. 57)

Assim surgem as teorias denominadas "teorias da reprodução", que veem a escola como uma das instituições fundamentais para reproduzir as relações econômicas vigentes numa sociedade. A educação, nesse modelo, segundo Santomé, tem como meta a socialização dos estudantes com a finalidade de contribuir para a reprodução das relações sociais existentes, afastando-se daquela concepção que enxergava a escola como uma instituição apolítica, neutra.

Contudo, algumas dessas teorias apresentam certos problemas que são recorrentes nas teorias tradicionais, destacando-se a passividade dos professores e dos alunos a respeito da ausência de conflitos e resistências importantes, na escola, contra a ideologia dominante, ou seja, não se veem, em momento algum, os alunos e os professores como atores principais na vida cotidiana escolar.

A escola como reprodutora social

Althusser (1985) adota como premissa que toda formação social é resultado de um modo de produção dominante, visto que o processo de produção aciona as forças produtivas existentes *em* e *sob* relações de produção definidas. Segue daí que toda formação social, para existir e para poder produzir, deve reproduzir as condições de sua produção, ou seja, as forças produtivas e as relações de produção existentes.

Esse autor relata que não é na esfera da empresa, da indústria, que a reprodução das condições materiais da produção pode e deve ser pensada, pois não é nesse nível que ela existe em suas condições reais. Na esfera da empresa, o que ocorre é um efeito que proporciona apenas a ideia da necessidade da reprodução, mas que não permite absolutamente pensar suas condições e seus mecanismos. Ao contrário do que ocorria nas formações sociais escravagistas e servis, a reprodução da qualificação da força de trabalho tende a dar-se não mais no "local de trabalho" (a aprendizagem na própria produção), mas, cada vez mais, fora da produção, por meio do sistema escolar capitalista e de outras instâncias e instituições.

> Ora, o que se aprende na escola? É possível chegar-se a um ponto mais ou menos avançado nos estudos, porém de qualquer maneira aprende-se a ler, escrever e contar, ou seja, algumas técnicas, e outras coisas também, inclusive elementos (que podem ser rudimentares ou ao contrário aprofundados) de "cultura científica" ou "literária" diretamente utilizáveis nos diferentes postos da produção (uma instrução para os operários, uma outra para os técnicos, uma terceira para os engenheiros, uma última para os quadros superiores etc.). Aprende-se o "know-how". (Althusser 1985, p. 58)

Aprendemos também na escola as "regras" do bom comportamento (que devem ser observadas por cada trabalhador conforme o posto que ocupa), da moral e de consciência cívica e profissional (que são regras de respeito à divisão social-técnica do trabalho); regras da ordem estabelecida pela dominação de classe; a falar bem o idioma e a redigir bem, com a intenção de saber "dar ordens", dirigir-se adequadamente aos operários.

Conforme Althusser, a escola ensina o *know-how*, contudo de uma forma que assegura a submissão à ideologia dominante, ou seja, todos os agentes da produção, da exploração e da repressão devem, de uma forma ou de outra, estar imbuídos dessa ideologia para desempenhar conscientemente sua tarefa, seja ela qual for dentro da hierarquia da ideologia dominante.

A escola como aparelho ideológico do Estado

De acordo com Althusser, para avançar em relação à teoria marxista do Estado, é indispensável considerar que existe uma outra realidade manifesta no aparelho (repressivo) do Estado, denominada aparelho ideológico do Estado.

Os aparelhos ideológicos do Estado (AIEs) não podem ser confundidos com o aparelho (repressivo) do Estado, formado, na teoria marxista, pelo governo, a administração, o exército, a polícia, os tribunais, as prisões etc. A proposta de chamar o antigo aparelho do Estado de repressivo foi promovida por Althusser, que o indica dessa forma por tratar-se de um aparelho que funciona por meio da violência, ao menos em situações-limite, contrastando com os AIEs, que funcionam por intermédio da ideologia.

Nas palavras de Althusser, os AIEs representam um número significativo de realidades que se apresentam ao observador imediato em forma de instituições distintas e especializadas, sendo elas: os AIEs religioso, escolar, familiar, jurídico, político, sindical, de informação e cultural. Os AIEs, para esse autor, servem à ideologia das classes dominantes, que, por princípio, são as classes que controlam o poder. Os AIEs, porém, podem ser também o lugar da luta de classes, pois a classe que detém o poder não dita facilmente a lei nos AIEs, da mesma forma que ocorre no aparelho (repressivo) do Estado, principalmente porque a resistência das classes exploradas pode encontrar o meio e a ocasião de expressar-se neles, utilizando as contradições existentes ou conquistando espaço por meio dos embates de classes.

A importância dos AIEs está, nas palavras de Althusser (1985, p. 74), no fato de que é por meio da conjunção desse aparelho com o repressivo que o Estado exerce o poder que assegura a reprodução das relações de produção:

> O papel do aparelho repressivo do Estado consiste essencialmente, (...) em garantir pela força (física ou não) as condições políticas da reprodução das relações de produção, que são em última instância

relações de exploração. Não apenas o aparelho de Estado contribui para a sua própria reprodução, mas também, e, sobretudo o Aparelho de Estado assegura pela repressão as condições políticas do exercício dos Aparelhos Ideológicos do Estado.

Assim, os AIEs garantem, em grande parte, a reprodução das relações de produção (e o desenvolvimento do papel da ideologia dominante) sob a égide do aparelho repressivo do Estado. A escola passou a ocupar a posição de AIE dominante, após uma violenta luta de classe política e ideológica contra o antigo AIE religioso.

A escola se encarrega das crianças de todas as classes sociais – durante muitos anos da vida dos jovens membros da sociedade, mais precisamente 12 anos – e de incutir na mente delas os saberes oriundos da ideologia dominante por meio das distintas disciplinas escolares. Cada grupo dispõe da ideologia que se encaixa ao papel que ele ocupará na sociedade, seja de explorado (as consciências profissional, moral, cívica, nacional e apolítica), seja de agente da exploração (saber comandar e dirigir-se aos operários), de repressão (saber comandar, fazer-se obedecer "sem discussão"), seja de profissionais da ideologia (saber tratar as consciências com o respeito à nação).

Para Althusser, uma parcela considerável dessas virtudes (modéstia, resignação, desprezo, segurança etc.) se aprende em outros aparelhos ideológicos do Estado, porém nenhum AIE dispõe durante tantos anos da audiência obrigatória gratuita, cinco horas por dia, cinco dias por semana, da totalidade das crianças para a formação social capitalista.

A noção de *habitus*

Um importante conceito associado ao fato de que a instituição escolar é um local de reprodução da cultura dominante é o conceito de *habitus* usado mas não cunhado por Bourdieu. Para Cuche (2002), Bourdieu considera que as práticas culturais dos diferentes grupos sociais estão condicionadas à estratificação social e constrói a sua teoria da reprodução recorrendo ao conceito de *habitus*, definido por ele como os princípios geradores e "organizadores de práticas e de representações que podem ser objetivamente adaptadas a seu objetivo sem supor que se tenham em mira conscientemente estes fins e o controle das operações necessárias para obtê-los (...)" (Bourdieu, *apud* Cuche 2002, p. 171).

Cuche considera que o *habitus* é o que caracteriza uma classe ou um grupo social em relação aos outros que não partilham das mesmas condições sociais. Para Nogueira e Nogueira (2009), o conceito de *habitus* seria, assim, a ponte, a mediação, entre as dimensões objetiva e subjetiva do mundo social, ou simplesmente entre a estrutura e a prática. Segundo esses autores, para Bourdieu, cada sujeito, de acordo com sua posição nas estruturas sociais, vivenciaria uma série de características de experiências que estruturariam internamente sua subjetividade, constituindo uma espécie de "matriz de percepções e apreciações" que orientaria e estruturaria suas ações em todas as situações subsequentes. Essa matriz seria o *habitus* e constituiria um "princípio gerador duravelmente armado de improvisações regradas" (Bourdieu, *apud* Nogueira e Nogueira 2009, p. 25).

O *habitus* é profundamente interiorizado e não implica consciência dos indivíduos para ser eficaz. Ele explica por que os membros de uma mesma classe agem frequentemente de maneira semelhante sem ter necessidade de entrar em acordo para isso. "O *habitus* é, então, o que permite aos indivíduos se orientarem em seu espaço social e adotarem práticas que estão de acordo com sua vinculação social" (Cuche 2002, p. 172).

A escola como reprodutora cultural

A escola como reprodutora cultural tem seu marco na obra de Pierre Bourdieu e Jean-Claude Passeron *A reprodução: Elementos para uma teoria do sistema de ensino*, de 1970. A construção teórica é encadeada pelos conceitos de violência simbólica, ação pedagógica, autoridade pedagógica, trabalho pedagógico e sistema de ensino. O conceito desencadeador é o de violência simbólica, que significa, para Bourdieu, segundo Nogueira e Nogueira (2009), o processo de imposição dissimulada de um arbitrário cultural.

Todo poder de violência simbólica, isto é, todo poder que chega a impor significação e a impô-las como legítimas, dissimulando as relações de força que estão na base de sua força, acrescenta sua própria força, isto é, propriamente simbólica, a essas relações de força. (Bourdieu e Passeron 2009, p. 25)

Com isso, Bourdieu considera que toda ação pedagógica (AP) é objetivamente uma violência simbólica, como imposição e inculcação (educação), por um poder arbitrário, de um arbitrário cultural. A concepção de ação pedagógica refere-se a toda tentativa, modo de instrução, educação, formal ou informal. A ação pedagógica não se dá por meio da força e só poderá ser produzida se existirem as condições sociais apropriadas. A inculcação e a imposição da AP atendem aos interesses objetivos (materiais, simbólicos e pedagógicos) dos grupos ou classes dominantes. A AP é a responsável pela inculcação e pela imposição de certas significações que são convencionadas, selecionadas arbitrariamente por um grupo ou uma classe que opera objetivamente *em* e *por* seu arbitrário cultural.

A seleção de significações que define a cultura de um grupo ou de uma classe como sistema simbólico é

(...) arbitrária na medida em que a estrutura e as funções dessa cultura não podem ser deduzidas de nenhum princípio universal, (...) não estando unida por nenhuma espécie de relação interna à "natureza das coisas" ou a uma "natureza humana". (...) sociologicamente necessária na medida em que essa cultura deve sua existência às condições sociais das quais ela é o produto e sua inteligibilidade à coerência e às funções da estrutura das relações significantes que a constituem. (*Ibidem*, p. 29)

A imposição, a inculcação decorrente da teoria da ação pedagógica é dissimulada por meio da produção do conceito de autoridade pedagógica.

Enquanto poder de violência simbólica se exercendo numa relação de comunicação que não pode produzir seu efeito próprio (simbólico)

(...), e enquanto inculcação de um arbitrário cultural realizando-se numa relação de comunicação pedagógica que não pode produzir seu efeito próprio (pedagógico), a AP implica necessariamente como condição social de exercício à autoridade pedagógica e à autonomia relativa da instância encarregada de exercê-la. (*Ibidem*, p. 33)

Tanto em seu modo de imposição legítima quanto na delimitação do que ela impõe, a autoridade pedagógica reproduz os princípios fundamentais do arbitrário cultural. Ou seja, "um grupo ou uma classe produz aquilo que é digno de ser reproduzido, tanto por sua existência mesma quanto pelo fato de delegar a uma instância a autoridade indispensável para o reproduzir" (*ibidem*, p. 48).

A ação pedagógica também implica um trabalho pedagógico, que dura o tempo suficiente para produzir nos destinatários a formação capaz de internalizar o arbitrário cultural, ou seja, o *habitus*.

Enquanto imposição arbitrária de um arbitrário cultural que supõe a autoridade pedagógica, (...) a qual implica que a instância reproduza os princípios do arbitrário cultural, imposto por um grupo ou uma classe como digno de ser reproduzido (...), a ação pedagógica implica o trabalho pedagógico como trabalho de inculcação que deve durar o bastante para produzir uma formação durável. (*Ibidem*, p. 53)

Bourdieu considera que o trabalho pedagógico (TP), como ação transformadora, tende a reproduzir as condições sociais de produção do arbitrário cultural, mediado pelo *habitus*, como um princípio gerador de práticas reprodutoras das estruturas objetivas. Além disso, o TP tem por efeito legitimar o arbitrário cultural inculcado pela ação pedagógica.

O sistema de ensino tem como propósito estabelecer a forma especificada em que o trabalho, a autoridade e a ação pedagógica serão realizados, ou seja, "estabelecer o que deve ser uma instituição para ser capaz de produzir as condições institucionais de produção de um *habitus* ao mesmo tempo em que o desconhecimento dessas condições" (*ibidem*, p. 77).

Segundo Bourdieu, numa formação social determinada, o sistema de ensino dominante pode constituir o trabalho pedagógico dominante como trabalho escolar sem a anuência, consciente, daqueles que fazem parte da vida escolar, por dois motivos: 1) ele produz e reproduz, por seus próprios meios, as condições necessárias ao exercício de sua função interna de inculcação, que são ao mesmo tempo as condições suficientes da realização de sua função externa de reprodução da cultura legítima e de sua contribuição correlativa à reprodução das relações de força; 2) por existir e subsistir como instituição, ele implica as condições institucionais do desconhecimento da violência simbólica que exerce, ou seja, porque os meios institucionais dos quais dispõe como instituição relativamente autônoma, detentora do monopólio do exercício legítimo da violência simbólica, estão predispostos a servir também, com a aparência da neutralidade, os grupos ou as classes dos quais ele reproduz o arbitrário cultural.

> Uma vez reconhecida como legítima, ou seja, como portadora de um discurso universal (não arbitrário) e socialmente neutro, a escola passa, na perspectiva bourdieusiana, a exercer, livre de qualquer suspeita, as suas funções de reprodução e legitimação das desigualdades sociais. (Nogueira e Nogueira 2009, p. 73)

Para além da reprodução

O debate acerca das ideias de Apple caminha na mesma direção e no mesmo sentido do debate a respeito das ideias propostas por Giroux, que considera que o fundamento de uma teoria radical de escolarização pode ser desenvolvido, em parte, com base no trabalho da Escola de Frankfurt e na bibliografia mais recente sobre o currículo oculto.

> Enquanto a Escola de Frankfurt propicia um discurso e um modo de crítica para aprofundar nossa compreensão na natureza e função da escolarização, críticas do currículo oculto têm fornecido modos de análise que revelam as ideologias e interesses imbricados nos sistemas de mensagem, códigos e rotinas que caracterizam a vida diária da sala de aula. (Giroux 1986, p. 102)

Contudo, tanto os trabalhos dos teóricos da Escola de Frankfurt, quanto as interpretações mais atuais do currículo oculto são insuficientes para levar a cabo a construção de uma teoria radical do processo de escolarização. Para Giroux, apesar da importância desses dois modos de análise, eles não apresentam uma explicação sistemática de como o poder e a ação humana interagem para promover as práticas sociais nas escolas, práticas essas que representam tanto a condição como o resultado da dominação e da contestação.

Em busca de elementos que possibilitem a construção de uma teoria radical da escolarização, Giroux considera que tanto a teoria educacional conservadora quanto a liberal se prendem à lógica da necessidade e da eficiência, mediada por um discurso político de integração e de consenso. Para esse autor, uma teoria educacional não deve ignorar a importância das noções de conflito e luta no seu discurso e na sua prática. O processo de escolarização não pode ser visto como neutro; o conhecimento escolar serve aos propósitos dos grupos dominantes e ignora as necessidades dos demais grupos. A função da escola, para as teorias educacionais conservadoras e liberais, é fornecer aos alunos o conhecimento e as habilidades necessárias para que eles possam desempenhar os papéis coadjuvantes na sociedade.

O modelo educacional tradicional é criticado, porque não considera um problema a estrutura e a ideologia da sociedade dominante; logo, não propõe nenhuma leitura acerca de como a ideologia, o conhecimento e o poder se relacionam.

> A questão crucial ignorada aqui é o modo pelo qual o poder distribui funções na sociedade, no interesse de ideologias e formas de conhecimentos específicos, a fim de apoiar as preocupações econômicas e políticas de determinados grupos e classes. (Young e Whitty, *apud* Giroux 1986, pp. 103-104)

Conforme explicitado, para Giroux, a ideologia é diluída no conceito de conhecimento objetivo; a relação entre currículo oculto e controle social é descartada em favor de uma preocupação com a elaboração de objetivos; e a relação entre socialização e reprodução de desigualdades de classe, gênero e raça é ignorada em favor de uma preocupação predominante em encontrar novos modos de transmitir um conhecimento, que é, em grande parte, predefinido. A escola é vista meramente como um local de instrução, não como uma arena de resistência, conflito e luta.

Do ponto de vista da teoria educacional tradicional, pouco ou quase nada pode ser percebido sobre como as escolas funcionam no interesse da cultura dominante, para reproduzir a lógica e os valores da sociedade vigente.

A partir do momento em que se aceita que, em qualquer sociedade, escola ou espaço social, há relações específicas de poder, a teoria educacional passa a questionar a neutralidade da instituição, do conhecimento e dos atores escolares, iniciando-se a busca pela significação de como a escola e o que é produzido por ela contribuem direta ou indiretamente para a manutenção da ideologia dominante.

A busca por uma teoria educacional que privilegie a relação dialética entre estrutura e ação humana passa pelas teorias de reprodução social e cultural.

Apesar da importância dos avanços teóricos das teorias da reprodução cultural, elas permanecem presas à noção unilateral de poder e dominação. Essas teorias não privilegiam, em suas análises, os conceitos de conflito e de resistência.

Giroux (1986) considera que, nos últimos anos, cresceram os estudos de natureza neomarxistas, como os de Willis (1977), Hebdige (1979) e Corrigan (1979) a respeito do processo de escolarização. Nesses estudos, o impulso inicial deriva do fato de como os conceitos de conflito e resistência permitem compreender a importância das relações entre poder, ideologia e cultura, como construções sociais, para entender o processo de escolarização e a sociedade dominante.

Segundo Giroux, nos estudos de Willis (1977), Hebdige (1979) e Corrigan (1979), o currículo escolar não serve apenas aos interesses das relações de dominação, mas também contém a vertente que fala do poder emancipatório das classes não dominantes. Uma contribuição importante dos estudos citados é a demonstração de que os mecanismos de reprodução social e cultural são incompletos e sempre se defrontam com elementos de oposição parcialmente conscientes. Esses estudos podem ser classificados como estudos teóricos sobre a resistência e analisam o modo pelo qual classe e cultura se combinam para oferecer esquemas para uma política cultural.

> É central para tal política uma leitura semiótica do estilo, rituais, linguagem e sistema de significados que constituem o campo cultural dos oprimidos. (...) torna-se possível analisar quais elementos contra-hegemônicos tendem a ser incorporados à cultura dominante, para serem despojados de suas possibilidades políticas. (Giroux 1986, p. 138)

Ou seja, identificam-se os elementos contrários à hegemonia dominante e que dizem respeito à cultura das classes oprimidas e incorporam-nos à cultura dominante, para que sejam anuladas as suas prováveis intenções de libertação política.

As teorias da resistência, conforme Giroux, procuram dar à cultura outro significado que não o de reflexo de hegemonia e derrota, mas sim de um processo social que ao mesmo tempo encarna e reproduz relações sociais que são antagonicamente vividas. Assim, a escola é apresentada como um importante espaço social que contém níveis de determinação que não refletem a sociedade maior, tendo apenas certa relação com ela, isto é, a escola é um espaço social que deveria promover os interesses da maioria dominada e não perpetuar a hegemonia dos grupos sociais dominantes.

O entendimento e o enfrentamento das questões relativas à educação e ao seu impacto na vida cotidiana devem ter início no desenvolvimento de uma teoria educacional fincada nos construtos da teoria radical e da psicologia profunda.[5]

---

5. Segundo Giroux (1986), a psicologia profunda utilizada pelos teóricos da Escola de Frankfurt é baseada nos pressupostos mais radicais da teoria freudiana.

> (...) sem essa teoria, os educadores não têm maneiras de entender a garra e a força das estruturas sociais alienantes, da maneira como elas se manifestam nos aspectos vivenciados, porém frequentemente não-discursivos da vida cotidiana. (*Ibidem*, p. 145)

O conceito de resistência é um construto teórico e ideológico que serve para analisar as relações entre a escola e a sociedade, pois

> (...) fornece uma nova alavanca teórica para se entender as maneiras complexas pelas quais os grupos subordinados experimentam o fracasso educacional, e dirige a atenção para novas maneiras de se pensar e reestruturar os modos de pedagogia crítica. (*Ibidem*)

Também representa um modo de discurso que nega as explicações tradicionais acerca do fracasso escolar e do comportamento de oposição, redefinindo as causas e os significados do comportamento de oposição por meio da indignação moral e política.

> Em outras palavras, o conceito de resistência representa uma problemática governada por pressupostos que mudam a análise do comportamento de oposição dos terrenos teóricos do funcionalismo e da psicologia educacional dominante para os da análise política. (*Ibidem*)

O conceito de resistência, para Giroux, traz contribuições para o terreno educacional que as teorias tradicionais da educação e da reprodução social e cultural ignoram, isto é, valoriza a noção dialética da ação humana, que apresenta a dominação como um processo dinâmico e incompleto; aprofunda a discussão teórica sobre como o poder opera em diferentes contextos que estruturam as relações de interação entre dominância e autonomia; minimiza o pessimismo que cerca os teóricos da educação, por meio da compreensão de que a resistência é um elemento transcendente para a transformação radical da educação.

A resistência não é um conceito cunhado para a área de educação e, por isso, ao ser apropriado pela área, como uma categoria central de análise para as teorias educacionais, é preciso sedimentá-lo.

> A resistência tem que ser situada em uma perspectiva ou racionalidade que leve em conta a noção de emancipação como seu interesse norteador; (...) deve ter uma função reveladora, que contenha uma crítica da dominação e forneça oportunidades teóricas para a auto-reflexão e para a luta no interesse da auto-emancipação e da emancipação social; (...) tem seu valor em sua função crítica, em seu potencial para falar das possibilidades radicais entranhadas em sua própria lógica e dos interesses contidos no objeto de sua expressão. (Giroux 1986, pp. 147-148)

A escola, para Giroux, representa um espaço social importante para a construção de subjetividades e disposições, um lugar no qual estudantes de diferentes classes sociais aprendem as habilidades necessárias para ocupar posições específicas de classe na divisão ocupacional do trabalho. O lugar que a escola ocupa em uma sociedade deve ser mediado pela relação dialética entre poder e ideologia das classes – dialética essa que possibilita mediar e não simplesmente reproduzir a hegemonia social e cultural dominante.

As disciplinas escolares na teoria crítica do currículo

O argumento do universalismo da cultura escolar justifica-se pelo fato de que "cabe à escola transmitir saberes 'públicos', explicitamente formulados e controlados, aos quais todos possam ter acesso potencial e que apresentam valor independentemente das circunstâncias e dos interesses particulares" (Forquin 2000, p. 58).

> Os saberes escolares se opõem, nesse sentido, tanto aos saberes de "iniciação" e esotéricos, que são transmitidos em segredo e que constituem monopólio de certos grupos fechados, quanto aos saberes puramente práticos, transmitidos por imitação ou impregnação,

sem necessidade da formulação explícita, como ainda aos saberes triviais, aleatórios e fragmentados, ligados aos contextos imediatos e às circunstâncias da vida comum. Os saberes escolares são essencialmente gerais ou dotados de um alto nível de generalidade. (*Ibidem*)

As escolas "têm um papel único na reprodução das sociedades humanas e na provisão das condições que possibilitam a inovação e a mudança". Sem as escolas, "cada geração ou cada sociedade teria de começar do zero ou permanecer em grande parte inalterada por séculos" (Young 2009, p. 37).

Segundo esse autor, a finalidade da instituição escolar é agenciar a aquisição do conhecimento, para jovens e adultos, que não podem adquiri-lo em casa, na comunidade ou no trabalho, por meio das disciplinas escolares. A escola é, então, uma agência de transmissão cultural ou de conhecimento: "Aceitar que as escolas têm esse papel implica que há tipos de conhecimentos diferenciados. (...) A especificidade do conhecimento escolar (...) é que possibilita a aquisição de alguns tipos de conhecimento" (*ibidem*, p. 45). Young chama esse conhecimento, necessário para a conceituação de currículo, de "conhecimento poderoso".

> Refere-se não a quem tem mais acesso ao conhecimento ou quem o legitima, embora sejam questões importantes, mas ao que o conhecimento pode fazer, por exemplo, se fornece explicações confiáveis ou novas formas de se pensar sobre o mundo. (...) Conhecimento poderoso nas sociedades modernas, no sentido em que uso o termo, é, cada vez mais, conhecimento especializado. (*Ibidem*, p. 46)

O conhecimento poderoso é, para Young, o conhecimento teórico, elaborado para fornecer generalizações e reivindicar universalidade, potencialmente adquirido na escola e fornecedor da estrutura para realizar julgamentos. Esse conhecimento – usualmente, mas não unicamente associado às ciências – é produzido pelas disciplinas escolares.

Para Goodson (2001), as disciplinas escolares se constituem de grupos de elementos individuais com identidades, valores e interesses diferentes, o que indica uma correlação forte entre a promoção de certas tradições[6] e subculturas e a perseguição de *status* e de recursos.

Como dito anteriormente, o conhecimento escolar, nessa corrente teórica curricular, não é neutro; muito pelo contrário, trata-se de um conhecimento que, em sua forma, apresenta interesses sociais de uma pequena fatia da sociedade.

> Para compreendermos uma disciplina (e, consequentemente, as suas relações com as outras disciplinas), é fundamental que tenhamos em atenção os conflitos sociais que se desenrolam no seu interior. Pelo fato de as disciplinas não serem entidades monolíticas, as análises que as encaram como tal, ou as relações entre elas, mistificam um conflito social contínuo e fundamental. (Goodson 2001, p. 214)

O conhecimento escolar é visto como uma forma de distribuição de bens e serviços de uma sociedade, e seu estudo é ideológico, ou seja, "a investigação do que determinados grupos sociais e classes, em determinadas instituições e em determinados momentos históricos, consideram conhecimento legítimo" (Apple 2006, p. 83).

> É, mais do que isso, uma forma de investigação orientada criticamente, no sentido que escolhe concentrar-se em como esse conhecimento, de acordo com sua distribuição nas escolas, pode contribuir para um desenvolvimento cognitivo e vocacional que fortaleça ou reforce os arranjos institucionais existentes (e em geral problemáticos) na sociedade. (*Ibidem*)

Apple considera que os saberes escolares difundidos pelos tipos de conhecimentos aberto e oculto, bem como "os princípios de seleção,

---

6. Segundo Goodson (2001), essas tradições iniciam o professor em visões amplamente diferentes sobre as hierarquias do conhecimento e sobre os conteúdos, o papel dos docentes e as orientações pedagógicas globais.

organização e avaliação desses conhecimentos, são seleções governadas pelo valor e oriundas de um universo muito mais amplo de conhecimento possível e de princípios de seleção".

> (...) as formas de conhecimento (tanto aberto quanto oculto) encontradas nas escolas implicam noções de poder e de recursos e controle econômicos. A própria escolha do conhecimento escolar, o ato de designar os ambientes escolares, embora possam não ocorrer conscientemente, são com frequência baseados em pressuposições ideológicas e econômicas que oferecem regras do senso comum para o pensamento e ação dos educadores. (*Ibidem*, p. 84)

Os saberes escolares produzidos por meio das disciplinas escolares e disseminados por intermédio dos conhecimentos científicos e das humanidades são, para Apple, responsáveis pelo controle social e econômico exercido pela educação escolar.

> As escolas não apenas controlam as pessoas; elas também ajudam a controlar o significado. Pelo fato de preservarem e distribuírem o que se percebe como "conhecimento legítimo" – o conhecimento que "todos devemos ter" –, as escolas conferem legitimidade cultural ao conhecimento de determinados grupos. (*Ibidem*, pp.103-104)

Isso ocorre porque o modelo capitalista de produção, distribuição e consumo necessita de um alto grau de conhecimento técnico e administrativo para a expansão mercadológica.

Para Apple, o conhecimento exerce outro papel, menos econômico, na educação, uma vez que a educação escolar é dominada pela ideologia tecnicista:

> Os principais programas curriculares, pedagógicos e de avaliação em uso, digamos, nos Estados Unidos (e devemos lembrar que os Estados Unidos exportam esses programas e técnicas para um grande número de países [inclusive para o Brasil]) são quase todos

notavelmente comportamentais e redutivos em sua orientação. (Apple 1999, p. 49)

Em virtude disso, para esse autor, a escola acaba reduzindo também a esfera cultural (esfera do discurso democrático e das compreensões coletivas) à aplicação de regras e procedimentos técnicos.

> Quando isso se combina com o fato de que o ensino do conflito está usualmente ausente do currículo, o debate e a conscientização política e ética são substituídos pelas ideologias instrumentais. Nessas circunstâncias, os papéis, ideológicos e econômicos, das escolas, frequentemente, se cruzam. (*Ibidem*)

Por isso, "as escolas contribuem não apenas para a produção de conhecimento técnico/administrativo útil, mas para a reprodução da cultura e das formas ideológicas dos grupos dominantes" (*ibidem*).

A educação escolar é uma forma de manutenção da hegemonia dominante. Sendo assim, a cultura escolar, traduzida pelos saberes escolares encontrados nas disciplinas escolares e difundidos pelos conhecimentos científicos e das humanidades, está envolta em relações de poder, traduzidas por meio de um conceito-chave designado "tradição seletiva", cunhado por Raymond Williams.

Esse conceito-chave significa que "a partir de um universo inteiro de conhecimento possível, somente uma parte limitada é reconhecida como conhecimento oficial, como conhecimento 'digno' de ser transmitido às futuras gerações" (Apple 1999, p. 51).

> Entretanto, não é apenas o conteúdo que deve nos preocupar. A forma do currículo, o modo pelo qual ele é organizado, também merece uma atenção cuidadosa. Tanto o conteúdo quanto a forma são construções ideológicas. Ambos representam a complexa conexão na qual o controle cultural tem um importante papel. (*Ibidem*)

Conforme Apple (2006), sem o entendimento de como a instituição escolar, o conhecimento escolar e o educador se conectam em relação à distribuição, à qualidade e ao controle do trabalho, do poder, da ideologia e do conhecimento cultural externo às escolas, a teoria educacional e a política educacional causarão pouco impacto na sociedade.

Para entendermos plenamente o funcionamento das escolas, do ponto de vista da ideologia, do currículo e da relação entre as escolas e a criação da desigualdade, devemos estudá-las como instituições que "produzem conhecimento", como instituições que têm uma função ideológica.

> A pesquisa curricular, a compreensão sociológica e o estudo das ideologias políticas e econômicas, portanto, misturam-se em uma perspectiva unificada que nos permite sondar o lugar das escolas na reprodução cultural, e também econômica, das relações de classe nas sociedades altamente industrializadas. (Apple 2006, p. 49)

Para compreendermos como as escolas atuam, Apple considera que é preciso que saibamos como elas funcionam – ou seja, como as regularidades cotidianas de "ensino e aprendizagem nas escolas" produzem resultados – e que entendamos as raízes históricas e os conflitos que fazem as instituições escolares serem o que são hoje. Sem esses entendimentos, a compreensão da funcionalidade econômica e cultural das escolas se tornará mais complexa.

Apple vai ao encontro das ideias de Raymond Williams sobre o fato de que a educação não é um produto como pães ou cartões, mas uma seleção e uma organização (compilação) de todo o conhecimento social disponível em determinada época. Pelo fato de essa seleção e essa organização envolverem escolhas sociais e ideológicas, conscientes ou não, ao estudarmos o currículo, devemos relacionar os princípios de seleção e organização do conhecimento a seus ambientes institucional e interacional nas escolas e depois a um âmbito mais amplo de estruturas institucionais que cercam as salas de aula. O conhecimento escolar, assim, não é encarado como neutro; pelo contrário, devemos buscar as influências sociais contidas na própria forma do conhecimento. Por isso,

> (...) em vez de estudos do tipo *input-output* sobre o desempenho escolar, o pesquisador precisa "viver" nas salas, ver as formas complexas de interação que lá ocorrem. Dessa forma, podem-se obter quadros mais precisos sobre que "tipos" particulares de alunos recebem que tipos particulares de conhecimento e inclinações. (...) Além disso, podemos agora entender como o conhecimento é de fato criado e usado nos ambientes escolares. Finalmente, o ensino tácito de um currículo menos aberto, ou oculto, pode ser documentado. (Apple 2006, pp. 50-51)

Além disso, para Apple, ao estudarmos o currículo, devemos relacionar o processo de distribuição cultural às questões de poder e controle externos à escola, incorporando os elementos políticos e econômicos ao cerne da investigação educacional, na medida em que nas escolas as diferentes culturas se hibridizam e, em virtude disso, oferecem áreas muito interessantes e com potencialidade política e econômica para investigar os mecanismos de distribuição cultural na sociedade:

> Pensar nas escolas como mecanismos de distribuição cultural é importante, pois, como o marxista italiano Antonio Gramsci observou, um elemento crítico para a ampliação da dominação ideológica de determinadas classes sobre outras é o controle do conhecimento que preserva e produz as instituições de determinada sociedade. (*Ibidem*, p. 61)

A escola como um importante agente da reprodução cultural e econômica tem armazenado um capital cultural, que atua como um mecanismo eficaz de filtragem na reprodução de uma sociedade hierárquica; conforme Bourdieu (*apud* Apple 2006, p. 67),

> (...) as escolas recriam parcialmente as hierarquias sociais e econômicas da sociedade por meio do que é aparentemente um

processo neutro de seleção e instrução. Toma o capital cultural, o *habitus*, da classe média como sendo algo natural e o empregam como se todas as crianças tivessem chances iguais de acesso a ele.

Segundo Apple, Bourdieu pensa a dinâmica da herança do capital cultural da mesma maneira que pensaria a herança do capital econômico: "A forma pela qual as instituições econômicas dominantes são estruturadas para aqueles que herdam ou já tenham capital econômico se dêem melhor se repete no que diz respeito ao capital cultural" (*ibidem*, pp. 67-68).

Da mesma maneira que ocorre com o capital econômico, o capital cultural distribuído na sociedade é desigual, uma vez que ele depende *da* e segue, predominantemente, *a* divisão injusta do trabalho e do poder nessa sociedade. A escola, ao seguir o modelo de gestão científica, que apresenta seus pressupostos enraizados nas instituições mercadológicas, contribui significativamente, embora de maneira subliminar, para o aumento da desigualdade na distribuição do capital cultural e econômico, dado que, salvo as exceções, a carência de capital cultural, necessariamente, gera carência de capital econômico.

A discussão, portanto, gira em torno de como a distribuição cultural e o poder econômico se cruzam no *corpus* formal do conhecimento escolar. Com isso, ao diferenciarem as disciplinas escolares, em termos de *status* elevado e não elevado, os detentores do poder dizem à escola que tipo de capital cultural se destina para as diferentes classes sociais (conforme discussão acerca da carência cultural).

> (...) quem está na posição de poder tentará definir o que é admitido como conhecimento, o quanto qualquer conhecimento é acessível para grupos diferentes, e quais são as relações aceitas entre diferentes áreas de conhecimento e entre aqueles que têm acesso a elas e as tornam disponíveis. (Young, *apud* Apple 2006, p. 70)

Conforme Apple, o conhecimento de *status* elevado é tão escasso quanto os recursos econômicos, para as classes menos abastadas.

Currículo, cultura e educação matemática 63

> (...) a posse de conhecimento de alto *status*, aquele considerado de excepcional importância e conectado à estrutura das economias corporativas, na verdade traz em si um fato e a ele se relaciona – o de que as outras pessoas não desfrutem dessa mesma posse. Em essência, o conhecimento de alto *status* "é, por definição, escasso, e sua escassez se liga de maneira inextricável a sua instrumentalidade". (*Ibidem*)

A questão surge do fato de que as escolas, além de produzirem conhecimento, também produzem pessoas, ampliando e legitimando certos tipos de recursos que fomentam a desigualdade econômica. O conhecimento definido pela escola como de *status* elevado ajuda-nos a clarear a compreensão a respeito das conexões entre o capital cultural e o capital econômico.

Apple (2006) escreve que a maximização do valor e da produção do conhecimento de *status* elevado é um princípio útil para desvelar a conectividade existente entre os capitais cultural e econômico, pois considera que o nosso modelo econômico é voltado à maximização da produção de lucro e, possivelmente, à minimização da distribuição de recursos e empregos; e o nosso modelo escolar é similar, quando pensamos sobre o conhecimento em sua relação com esse modelo econômico.

> Uma economia corporativa requer a produção de altos níveis de conhecimento técnico para manter o aparato econômico funcionando de maneira eficaz e para tornar-se mais sofisticada na maximização de oportunidades de expansão econômica, dentro de certos limites, pois o que de fato se requer não é a distribuição ampla desse conhecimento de alto *status* para a população em geral. É preciso maximizar sua produção.
> (...) Assim, certos níveis baixos de desempenho do grupo de alunos que pertencem à "minoria", filhos dos pobres, etc., podem ser tolerados, pois têm menos consequências para a economia do que a geração de conhecimento propriamente dita. Mais uma vez, a produção de determinada "mercadoria" (aqui o conhecimento de alto *status*) recebe maior preocupação do que a distribuição dessa mesma mercadoria. (*Ibidem*, pp. 71-72)

Uma dura constatação feita por Apple considera que

> (...) da mesma forma que no "mercado de trabalho econômico", onde é mais eficiente haver um nível relativamente constante de desemprego, ou, na verdade, onde é mais eficiente gerar tal nível, as instituições culturais também "naturalmente" geram níveis baixos de desempenho. A distribuição ou escassez de determinadas formas de capital cultural é de menor importância nesse cálculo de valores do que a maximização da produção do próprio conhecimento. (*Ibidem*, p. 72)

A constatação apresentada justifica, porém não explica, os motivos pelos quais as escolas e os currículos organizam-se em torno de disciplinas escolares, com mais ou menos prestígios e com o foco principal no prosseguimento dos estudos, mais especificamente, no nível superior.

As disciplinas escolares matemática e ciências, em virtude da relevância das suas áreas para o desenvolvimento tecnológico e econômico de uma nação, são privilegiadas em relação às artes e às humanidades. Segundo Apple, o conhecimento de *status* elevado se encontra nos currículos de matemática e das ciências, por sua utilidade econômica e por ser

> (...) um conhecimento discreto, isolado, independente e que tem (supostamente) um conteúdo identificável e (ainda supostamente) uma estrutura estável que se pode tanto ensinar quanto, o que é fundamental, testar. [Já as artes e as humanidades] têm obviamente sido vistas como menos propensas a esses critérios, supostamente por causa da própria natureza de sua matéria. (*Ibidem*)

"O conhecimento de alto *status* é visto como *macroeconomicamente* vantajoso em termos de benefícios de longo prazo para as classes mais poderosas da sociedade" (*ibidem*, pp. 72-73), o que impede os conhecimentos de *status* não elevado de ser tratados igualmente em termos sociais e econômicos. Assim, o conhecimento legítimo ou de *status* elevado pode ser visto como um filtro para a estratificação acadêmica e econômica, pois não são todos os indivíduos potencialmente geradores desse conhecimento.

Incrementos da teoria pós-crítica do currículo

A abordagem pós-crítica toma o currículo e, por conseguinte, a escola e a educação como reguladores da sociedade, do mundo e de nós mesmos. Cumpre ressaltar que, pautada na ótica pós-estrutural de Foucault e Derrida, a abordagem pós-crítica rejeita a ideia de que a escola é uma instituição neutra, uma vez que é por meio dela que o Estado educa e sanciona os conhecimentos que devem ser aprendidos pelos estudantes, para que estes possam ter uma visão de si e do mundo. Acreditamos que, na abordagem pós-crítica, o currículo é entendido como os teóricos críticos o entendem, porém com a incorporação de conceitos como o de regulação, governabilidade e desconfiança, característicos da perspectiva pós-estruturalista. O currículo, na pós-crítica, é um conceito construído e desconstruído sempre que preciso.

A epistemologia social

A teoria de mudança educacional esboçada por Popkewitz enfatiza uma epistemologia social,[7] adotando os conceitos e as práticas da escolarização como padrões sociais historicamente constituídos.

> Básico para essa conceituação é a visão de mudança como rupturas nas práticas epistemológicas e institucionais da escolarização. A intenção (...) é a de negar as noções de progresso, intenção ou

---

7. "A epistemologia social coloca os objetos constituídos, como o conhecimento da escolarização, em padrões historicamente formados e nas relações de poder. As afirmações e as palavras não são símbolos ou significantes que fazem referência e fixam coisas, mas são formas de prática social" (Popkewitz 1997, p. 234).

teleologia na formulação das teorias educacionais. A visão de mudança, no entanto, é tanto política quanto conceitual. (Popkewitz 1997, p. 232)

A epistemologia social, conforme enunciada por esse autor, refere-se ao modo como o conhecimento se entrelaça com o mundo institucional para produzir relações de poder. Nesse cenário, a escola redefiniu as questões da educação e da socialização, na medida em que ocorreram novos padrões nessas relações.

As diversas práticas da escolarização contêm sistemas de regras que governam o tipo de discurso possível na educação; quem deve ser considerado como um expositor sério e como devem ser estruturados o desejo, a vontade e a cognição. (*Ibidem*, p. 237)

Para Gabriel (2010, p. 229), a perspectiva da epistemologia social escolar se propõe

(...) a incorporar, de forma articulada, as contribuições da epistemologia escolar e das teorias críticas e pós-críticas do currículo. De um lado, ela se preocupa com a problemática da construção dos saberes que circulam na escola, a partir do reconhecimento da especificidade de suas condições de produção e transmissão. De outro, ela pressupõe a assunção de uma epistemologia histórica, plural, aberta ao reconhecimento da diversidade de formas de racionalidade e de validade do conhecimento que se legitima também através de relações de poder.

Para Popkewitz, o poder, desse ponto de vista, possui, no mínimo, duas dimensões conceituais. A primeira está relacionada aos grupos de indivíduos que exercem algum tipo de poder sobre outros indivíduos, articulando seus interesses à medida que ocorrem as diferentes transformações em uma sociedade, e em virtude disso requerem continuamente a regulamentação das práticas pedagógicas usadas para ensinar valores ou conteúdos específicos, como educação sexual ou ciência e tecnologia. A noção de poder, aqui, se relaciona ao conceito de soberania. "O poder, como soberania, cria um mundo dicotômico no qual existem o opressor e o oprimido, provocando assim uma dualidade cujo efeito é o de definir grupos sociais específicos como entidades monolíticas" (Popkewitz 1997, p. 238).

A segunda noção se refere aos efeitos do poder na relação que ele estabelece com as práticas institucionais e com os discursos da vida cotidiana. Esses efeitos estão relacionados à produção de desejos, tendências e sensibilidades, que estão inseridos nos modos pelos quais as pessoas determinam limites para si mesmas, definindo categorias de bem e mal, e visualizando possibilidades: "O poder, (...) está intrincadamente limitado pelas regras, padrões e estilos de raciocínio, de acordo com os quais os indivíduos falam, pensam e agem na produção do seu mundo cotidiano. O poder é relacional e regional"[8] (*ibidem*).

O currículo como prática de regulação

Popkewitz (2003) conceitua o currículo como um conhecimento particular, historicamente formado, que inscreve regras e padrões mediante os quais refletimos sobre o mundo e nós "mesmos" como membros produtivos desse mundo. No entanto, as regras de "dizer a verdade" no currículo não se referem somente à construção de objetos para nosso exame e observação minuciosos. O currículo é uma tecnologia disciplinar que diz como deve o indivíduo atuar, sentir, falar e ver o mundo e a si mesmo. Como tal, o currículo e o problema do conhecimento e do raciocínio (da argumentação) nas escolas, ou seja, as formas mediante as quais dizemos a verdade sobre nós mesmos e os demais, são uma prática de regulação.

---

8. "O termo geográfico *regional* fornece uma metáfora para o pensamento sobre as práticas detalhadas das instituições e como elas se inter-relacionam na produção do poder. A regionalização do estudo considera a multiplicidade de formas sociais e de relações de poder que ocorrem em locais e históricos específicos" (Popkewitz 1997, p. 236).

Para Meyer (*apud* Popkewitz, Franklin e Pereyra 2003), o currículo existe dentro de uma instituição chamada escola, instituição essa que é um invento relativamente recente da sociedade ocidental e que rapidamente passou a fazer parte do sistema mundial. Assim, podemos enxergar o currículo como uma invenção da modernidade, que implica formas de conhecimento cujas funções consistem em regular e disciplinar o indivíduo.

A ideia de currículo tem sido a de uma organização particular de conhecimentos pela qual os indivíduos regulam e disciplinam a si mesmos como membros de uma comunidade ou de uma sociedade. O currículo inclui certas regras por meio das quais o indivíduo deveria raciocinar sobre si mesmo e disciplinar as ações a empreender conduzido por princípios que ordenam os sistemas simbólicos mediante os quais se interpreta, organiza e atua no mundo.

Para Popkewitz, ao considerarmos a história do currículo um problema de regulação, os temas relativos ao desenvolvimento das crianças e à investigação educativa já não têm ligação unicamente com o conhecimento ensinado.

A escola moderna e o seu currículo foram relacionados com diversas formas sociais e culturais por meio das quais os indivíduos tinham de compreender e participar inteligentemente dentro dos novos conjuntos de relações e instituições que incluíam o Estado, as burocracias, o comércio e o trabalho. A escola moderna representou um avanço nos sistemas de conhecimento, por intermédio dos quais os indivíduos teriam de regular-se e disciplinar-se. Enquanto o mundo antigo buscava sua verdade na divina providência, o conhecimento pedagógico atual adotou certas perspectivas religiosas sobre a salvação e as combinou com uma disposição científica na busca pela verdade e pela autorregulação.

Ao propor a noção de regulação, Popkewitz não pretende ajuizar valor acerca da escolarização, pois reconhece a premissa sociológica de que todas as instituições sociais têm restrições e limitações incrustadas historicamente. Nesse sentido, o currículo como uma estratégia de governo pode ser pensado de duas maneiras diferentes. Na primeira, a escolarização define as fronteiras do que devemos conhecer, ou seja, "que conhecimento vale a pena ser ensinado?"; nesse caso, a seleção do currículo configura e dá forma a como se organizam os acontecimentos sociais e pessoais para a reflexão e a prática. Na segunda, a seleção do conhecimento é uma forma politicamente sancionada para os indivíduos organizarem suas visões do "eu", isto é, a escolarização é a principal instituição do Estado que se ocupa da educação e da formação profissional.

Esse autor trata a escolarização como um conjunto de estratégias que permitem conduzir o raciocínio dos estudantes acerca do mundo atual e deles mesmos nesse mundo. Os métodos para efetivar o conhecimento escolar estabelecem os parâmetros de como as pessoas inquirem, organizam e compreendem seu mundo e a si mesmas. O currículo, então, é um conjunto de métodos e estratégias que incluem princípios para a ação e que circula entre as práticas culturais e sociais por meio de regras e padrões mediante os quais se constroem a razão e a individualidade.

O currículo na perspectiva pós-estruturalista

Segundo Cherryholmes (1987), o currículo não deriva de outras disciplinas acadêmicas, mas trata de problemas exclusivamente educativos. Dada a independência disciplinar do currículo, sua história está marcada por sucessivas perturbações e conflitos, já que sempre existe a possibilidade de colocar em xeque seus fins, crenças, valores, suposições, metáforas, orientações etc., que determinam sua finalidade e seu significado.

Para esse autor, o estudo do currículo deve ser compreendido como um sistema simbólico que pode ser analisado como um sistema de signos, em termos da linguística estrutural de Ferdinand Saussure. A análise estrutural atende aos signos e não aos objetos; ocupa-se das práticas de significação e do modo como organiza e faz uso da linguagem e não da verdade; identifica que signos são incluídos, agrupados, excluídos etc. e podem ser contemplados como uma matéria que expõe uma série de conjuntos linguísticos, em que cada signo designa um conjunto e cada conjunto fica definido pelo que ele inclui e exclui.

Conforme Cherryholmes nos relata, uma análise estrutural do âmbito do currículo permite compreender como se organiza (ou se tem organizado) conceitualmente esse campo, quais são (ou têm sido) suas tarefas centrais e como os especialistas do currículo realizam (ou têm realizado) seu trabalho. No entanto, as suposições estruturais contêm elementos que acabam por invalidar as próprias interpretações estruturais. O deslocamento que se produziu no século XX no âmbito da crítica literária desde a análise estrutural até a pós-estrutural foi gradual, porém com resultados de análises e críticas bem diferentes. O desenvolvimento contemporâneo nas análises pós-estruturais foi produzido a partir da década de 1960, com o surgimento dos trabalhos de Foucault e Derrida, já que ambos ofereciam diferentes interpretações do sentido de sistemas de signos e, por isso, acabaram por rechaçar o conteúdo da análise estrutural. Para Cherryholmes, a análise pós-estrutural trata das questões relativas aos significados transcendentais, como: De onde vem? Como se produziu? Por que apareceu?

O autor considera que o estudo e a prática do currículo determinam o local e os alicerces sobre os quais as aprendizagens são fomentadas. O currículo pode ser desenhado para ajudar os estudantes a conhecer seus próprios discursos – a saber, de que forma o conhecimento e o poder se criam e recriam por meio de uma relação mútua –, porém também pode se centrar na aceitação de discursos preexistentes condicionados e opressivos. As construções curriculares e as críticas desconstruídas permitem emitir juízos sobre objetivos, experiências de aprendizagem, organização de experiências de aprendizagem e avaliação. A crítica pós-estrutural ensina a desconfiar tanto das posições de raciocínio, de conhecimento, tais como a certeza, a clareza e o rigor, quanto da autoridade, pois o que é estranho e pouco familiar do argumento pós-estrutural some quando aplicado à vida cotidiana.

O trabalho, as relações, as crenças, as habilidades, nós mesmos, nada é idêntico de um dia ou de um momento ou de um lugar para outro, ou seja, sempre há diferenças. Assim, as teorias e os princípios organizadores que se apresentam com significados transcendentais são produtos da atividade humana e, por conseguinte, estão marcados pelas incertezas e transitoriedade dos esforços humanos.

Segundo Cherryholmes, o currículo e o ensino necessitam de pessoas que possam construí-los e desconstruí-los. Os construtores devem ter em mente que toda construção é temporal, falha, limitada, convencional, incompleta e contraditória; e que, com o passar do tempo, será substituída por outra. No entanto, os argumentos para a desconstrução deverão incentivar sempre novas construções, tornando, assim, cíclico o processo de construção e desconstrução do currículo e do ensino.

Em relação ao currículo, ele tem experimentado ciclos de construção e de desconstrução, que têm sido interpretados como enfermidade, agonia e prenúncio de sua morte. É uma ficção a esperança de encontrar uma finalidade ou causa na qual se possa basear o trabalho sobre o currículo e o ensino e que fixe seu sentido de uma vez por todas. Todavia, a contínua busca de sentido e finalidade e a subsequente desconstrução dos candidatos que surgem não podem ser um motivo de desesperança. A aceitação de que essa é a natureza da história, da política, dos textos etc. produz importantes mudanças no modo de pensar o currículo e o ensino. Esse modo de pensar deixa de ser visto como falho para ser compreendido como natural.

Para Cherryholmes, embora a análise pós-estrutural seja relativamente nova nas discussões sobre a prática social e não prometa uma resposta assertiva sobre a educação escolarizada, é possível esboçar o desenho do currículo e do ensino com base em uma perspectiva pós-estrutural. O currículo é o que os estudantes têm oportunidade de aprender por meio das escolhas feitas pelos responsáveis pela consecução do currículo escolar; por isso, o poder distribui as oportunidades e as não oportunidades. Por conseguinte, o currículo está intimamente ligado à administração educativa e ao ensino, porque cada conjunto de atividades produz oportunidades e limitações ao que se pode aprender. O currículo não é um campo isolado, autônomo, de ensino; pelo contrário, ele forma parte da nossa sociedade no sentido amplo e se move no mesmo ritmo que nossa política, música, economia, tecnologia etc. Aparentemente, as várias queixas e lamentações sobre a enfermidade, a morte ou a agonia do currículo foram resultado da falta de compreensão dessas conexões e das demandas que se formularam com base nelas. Foi como se se esperasse dos especialistas em currículo que dissessem aos dirigentes do ensino o que deveriam fazer. Porém, a aceitabilidade do que se expressou refletia os interesses contemporâneos de quem ocupava o poder.

Portanto, para o autor, se o currículo se move em direção a uma perspectiva pós-estrutural, com suas incertezas, ambiguidades e críticas, ele traz consigo a promessa de mais liberdade e poder nas estruturas sociais existentes e na criação de nossas sociedades e escolas. De qualquer forma, continuará existindo a desconstrução, pois o processo social pelo qual passa o currículo é continuamente marcado pela construção, seguida de uma desconstrução das oportunidades de aprender.

As disciplinas escolares não são entidades monolíticas

Para Popkewitz (1997), as disciplinas escolares não são entidades monolíticas, muito menos fenômenos universais, mas uma ferramenta poderosa na formação da regulação social. Nos séculos XVIII e XIX, "as disciplinas foram técnicas de adestramento e individualização que pretendiam maximizar as forças dos indivíduos, otimizar o seu rendimento e, ao mesmo tempo, extrair saberes e a eles conferir uma determinada natureza" (Varela 2008, p. 92). Contudo, o processo de disciplinarização de sujeitos e saberes, por meio da escolarização, também produziu resistência, contrapoderes,

> (...) desencadeou a insurreição dos saberes submetidos. (...) ao lado dos saberes "oficiais", disciplinados, continuaram se produzindo saberes que põem em questão os efeitos de poder ligados à organização institucional que os sustenta. Trata-se de saberes descentrados, polimorfos, (...) que não deixam de lado as lutas e os conflitos sociais, (...) que permitem recuperar a memória histórica dos enfrentamentos e resistências (...). (*Ibidem*, p. 93)

Esses saberes produzidos no ambiente escolar e que fogem ao controle oficial possibilitam, segundo Varela, equilibrar as forças, no sentido de formar um sujeito abstrato, teórico.

> (...) enfrentam saberes e discursos que se servem de supostas categorias universais para falar de tudo sem se referir nunca a processos reais. Por isso são saberes que levam em conta as lutas e os interesses em jogo e, portanto, as lutas e os interesses que atravessam os códigos teóricos, o território mesmo dos saberes legítimos. (*Ibidem*)

Em virtude disso, o conhecimento desenvolvido pelas disciplinas escolares é visto como uma tecnologia disciplinadora e "serve como uma estrutura para entender os interesses sociais introduzidos na escolarização destinados a produzir desigualdades e injustiças" (Popkewitz, Franklin e Pereyra 2003, p. 24; trad. nossa). "O poder está relacionado com os processos organizadores da produção, regulamentação, distribuição, circulação e operação do conhecimento" (Foucault, *apud* Popkewitz 1997, p. 179).

> Tais esforços incluem interpretações explícitas de controle social que exploram como os processos de seleção, organização e transmissão do currículo diferenciam o conteúdo deste, em consonância com traços de classe e raciais, e impõem esse conteúdo às crianças, de tal forma que orientam a essas crianças em diferentes direções a aceitação dos papéis profissionais e cidadãos diferentes e desiguais. (Popkewitz, Franklin e Pereyra 2003, pp. 24-25; trad. nossa)

Ainda nessa linha, as disciplinas escolares envolvem diferentes tipos de pensamentos e práticas, reconhecidos nos conteúdos apresentados nos livros-texto, nos currículos das disciplinas ou ainda nos materiais utilizados durante as aulas.

> O conhecimento das disciplinas escolares é apresentado como estruturas formais de conceitos e métodos que têm propriedades fixas.

O conhecimento disciplinar abrange as "propriedades" ou "estruturas sintáticas", nas quais as palavras contêm significados determinantes e características permanentes. (Popkewitz 1997, p. 186)

O conhecimento escolar não pode ser tratado apenas como a representação de conteúdo estável, pois assim estaria ignorando "a estrutura e as relações sociais nas quais os indivíduos colocam a si mesmos e ao seu mundo, negando a responsabilidade e a autonomia histórica" (*ibidem*, p. 192). "Aprender sobre a gramática, as ciências, as matemáticas ou as geografias também são disposições de aprendizagem, consciências e sensibilidades acerca do mundo" (Popkewitz, Franklin e Pereyra 2003, p. 156). Reforça-se, aqui, a ideia da não neutralidade das disciplinas escolares.

A centralidade das disciplinas escolares nas discussões curriculares ou a centralidade do currículo nas discussões das disciplinas escolares?

As leituras que realizamos a respeito das discussões envolvendo a educação escolarizada foram marcadas pela busca de pistas sobre qual o papel das disciplinas escolares nas diferentes teorias de currículo. Inicialmente, parece-nos que, nos últimos anos, ocorreu um abandono, por parte dos teóricos do currículo, de um debate mais caloroso entre o currículo e os saberes escolares, que, como já mencionado, são produzidos a partir das disciplinas escolares. Esse distanciamento é compreensível, pois se trata da consolidação de um campo de estudo que vem se fortalecendo nos últimos anos e criando uma identidade própria, com base no pensamento de autores que, direta ou indiretamente, trabalham com a educação.

Nossas leituras dão pista de que as discussões estão sendo feitas, discussões mais teóricas sobre o currículo, discussões sobre os saberes escolares, discussões sobre a história das disciplinas escolares, discussões sobre a formação dos professores, entre tantas outras, porém sentimos falta de um embate, de controvérsias.

A impressão que se tem é que os diferentes grupos de trabalhos (didática, currículo, educação matemática, formação de professores, história da educação, das disciplinas escolares) internalizam as questões envolvendo a educação escolar, não havendo as controvérsias tão importantes para a afirmação de um pensamento, uma tese, uma proposição, uma possibilidade teórica. Reafirmando, sentimos falta de um "corpo a corpo" nas discussões entre os pesquisadores das áreas de currículo, didática, história das disciplinas escolares, formação de professores, educação matemática.

Aceitamos o fato de que, em um primeiro momento, o fracionamento das disciplinas, do campo educacional, contribui para a consolidação delas, porém esse mesmo fracionamento tem dificultado um diagnóstico preciso da educação escolar. Metaforicamente, é como se tivéssemos desmontado o quebra-cabeça da educação e não conseguíssemos montá-lo novamente.

Nessa perspectiva, a aproximação dos campos da didática, do currículo, da formação de professores, dos pesquisadores das disciplinas escolares não seria o caminho mais natural para a organização de uma agenda nacional em prol de uma educação escolar mais justa, ou seja, de qualidade para todos? Não é somente fazer com que todas as crianças e adolescentes estejam na escola, mas que estejam ressignificando e produzindo saberes, por meio dos conhecimentos constituintes das disciplinas escolares e das conexões entre elas. Não se trata do abandono nem do acolhimento das disciplinas escolares, mas sim de sua ressignificação e recontextualização.

Por intermédio do conceito de recontextualização, é possível demarcar as ressignificações "como inerentes aos processos de circulação de textos, articular a ação de múltiplos contextos nessa reinterpretação, identificando as relações entre processos de reprodução, reinterpretação, resistência e mudança, nos mais diferentes níveis" (Lopes 2005, p. 55).

> Particularmente, a centralidade das questões discursivas e textuais como constitutivas de identidades pedagógicas é também um aspecto produtivo, por articular o discurso – conjunto de regras de

posicionamento e reposicionamento – com os processos materiais desenvolvidos pela divisão social do trabalho. Como as relações de poder são expressas pelos princípios de classificação que constituem as identidades e as diferenças das categorias, dentre elas os saberes, fornecem um modelo teórico interessante que remete à articulação entre poder e saber. (*Ibidem*)

Segundo essa autora, a recontextualização desenvolvida em consonância com o entendimento da cultura pelo hibridismo[9] – hibridismo este que se configura e se origina por meio da mestiçagem de lógicas globais, locais e distantes e sempre recontextualizadas – torna-se um ato em que ambivalências e oposições caminham ao lado do processo de fabricação de identidades e diferenças.

O espaço simbólico da recontextualização passa a ser entendido como um espaço de negociação de sentidos e significados, a construção de uma "comunidade imaginada" (...) visando a negociar a identidade com a cultura produzida. (*Ibidem*, p. 59)

Sentimos necessidade de nos posicionarmos nessa questão, pois nos encontramos nas fronteiras de certas disciplinas, identificando-nos ora com os curriculistas,[10] ora com os didatas, ora com os historiadores das disciplinas escolares, por entendermos que, no momento atual, caminham em direções que, se não são opostas, não levam, necessariamente, ao mesmo lugar.

Envolvemo-nos profundamente com as discussões feitas no campo do currículo, fossem elas relacionadas à ideologia, à hegemonia

---

9. "(...) o cultural, articulado com a noção de hibridismo, torna-se espaço político por excelência. É na cultura, espaço em que o poder colonial pretende marcar sua presença e sua autoridade, que o hibridismo imprevisível articula os saberes discriminatórios com os saberes nativos" (Macedo 2007, p. 75).

10. O termo "curriculistas" é por nós utilizado como a comunidade de professores e pesquisadores que estudam, pesquisam e trabalham com o currículo.

de uma classe dominante ou aos estudos ligados à cultura e ao poder. Mergulhamo-nos tanto, que, em determinado momento, já não mais queríamos discutir outras questões que não fossem aquelas.

Justificamos nossa posição por entendermos o distanciamento dado pelos estudos e pelos debates sobre o currículo à problemática dos saberes escolares, mais especificamente das disciplinas escolares, por serem muito convidativos os temas sobre cultura e poder. Sentimo-nos convidados a participar dessa discussão acrescentando à cultura e ao poder o tema matéria escolar, particularmente a matéria escolar matemática, por ser esse o nosso objeto de estudo. Deixemos, porém, para o próximo capítulo as análises envolvendo a cultura, o poder e a matemática escolar. Por ora, interessa-nos aprofundar o debate envolvendo o currículo e as disciplinas escolares, no sentido *lato*.

Tomamos, para o prosseguimento de nossas análises, a compreensão de currículo dada por Neto (2002), com a qual nos identificamos.

> Entendemos o currículo como a porção da cultura – em termos de conteúdos e práticas (de ensino e aprendizagem, de avaliação etc.) – que, por ser considerada relevante num dado momento histórico, é trazida para a escola, isto é, é escolarizada. (Williams, *apud* Neto 2002, p. 44)

Em consonância com Neto, consideramos que o currículo se situa na intersecção da escola com a cultura:

> (...) um currículo guarda estreita correspondência com a cultura na qual ele se organizou, de modo que, ao analisarmos um determinado currículo, poderemos inferir não só os conteúdos que, explícita ou implicitamente, são vistos como importantes naquela cultura, como, também, de que maneira aquela cultura prioriza alguns conteúdos em detrimento de outros (...). (*Ibidem*)

Delineada a nossa compreensão de currículo, aprofundaremos as discussões envolvendo o currículo e as disciplinas escolares, partindo de alguns questionamentos indicados por Gabriel (2010, p. 216):

> Será que devemos renunciar, no campo do currículo, a quaisquer critérios epistemológicos ou pedagógicos, quando nos referimos aos saberes ensinados e aprendidos nas escolas? Efeito da incorporação no campo do currículo das perspectivas sociológicas e culturais de diferentes matrizes teóricas, essa dúvida atinge diretamente o conhecimento, considerado central na reflexão curricular. Nesses tempos em que o comprometimento da escola com ideais de uma modernidade em crise que já foram devidamente denunciados, ainda é possível apostar no conhecimento escolar e reinvesti-lo de algum sentido político transformador? Ou não teria mais sentido enfatizar, nas discussões políticas do campo, a questão do conhecimento?

Compartilhamos com Gabriel a ideia de que incorporar as discussões sobre o conhecimento escolar aos estudos e debates sobre o currículo significa resgatar o seu lugar principal entre as questões curriculares:

> (...) implica reconhecer a pertinência da centralidade do conhecimento nas discussões curriculares, bem como as implicações dessa assunção para o avanço da reflexão nesse campo. Isso significa apostar tanto na potencialidade dessa centralidade, sem ingenuidades nem niilismos, para discutir as relações de poder e a dimensão política do currículo, como na fecundidade do processo de hibridização dos discursos presentes no campo do currículo, para repensar a articulação entre conhecimento, cultura e poder. (*Ibidem*)

Consideramos que o tempo presente é um tempo em que as relações de poder estão afloradas e um dispositivo poderoso para a sua manutenção é o conhecimento – que, por sua vez, tem na educação, por meio da escola, o seu principal fornecedor. A questão que se desenha para nós é: como articular o conhecimento produzido pela escola, no momento em que o debate no campo curricular centraliza as atenções para a questão cultural e as relações assimétricas de poder?

O momento atual é de incertezas, uma vez que não vivemos mais, em termos curriculares, a tranquilidade epistemológica de outrora. "Essa tranqüilidade ficou abalada quando, mais recentemente, passou-se a discutir a questão de o que ensinar, isto é, a discutir a questão de quais conteúdos são mais importantes e que devem participar dos currículos escolares" (Neto 2002, p. 45).

A turbulência provocada pela questão de "o que ensinar" potencializa as discussões envolvendo as fortes marcações fronteiriças das disciplinas escolares.

> Não valeria, então, mais que preservar fronteiras, incentivar rupturas entre as fronteiras disciplinares? Não valeria promover a invasão de um problema de uma disciplina por outra, a circulação de conceitos, a utilização de enfoques híbridos,[11] a agregação e a aglutinação de distintos conteúdos disciplinares? (Moreira 2009, p. 66)

Nessa direção, continua o autor, "a disciplina precisa mostrar-se, simultaneamente, aberta e fechada, mantendo-se em movimento, em vaivém, progredindo das partes ao todo e do todo às partes" (*ibidem*) Soma-se a isso o questionamento de Morin (*apud* Moreira 2009, p. 66): "(...) de que nos serviriam todos os saberes parcelados, se nós não os confrontássemos, a fim de formar uma configuração que responda às nossas expectativas, às nossas necessidades e às nossas interrogações cognitivas?". E ainda se ressalta a tensão constante entre a disciplinaridade e a inter ou transdisciplinaridade apresentada por Neto (*apud* Moreira 2009, p. 66).

---

11. "O hibridismo não é uma superação do conflito entre as culturas presentes no espaço colonial, ou seja, não se trata de culturas diferentes que interagem num espaço em que bastaria um certo relativismo cultural ou uma espécie de tolerância para que a diferença pudesse conviver. Trata-se de entender que os saberes coloniais, ao se imporem à cultura do colonizador, o fazem pondo em questão as suas regras de reconhecimento" (Macedo 2007, p. 75).

Aprender a conviver com o pluralismo disciplinar poderá nos ensinar a conviver com o pluralismo das ideias, dos gêneros, das etnias, das idades, das aparências físicas e comportamentais, das religiões. Em suma, a prática de currículos mais integrados pode ser vista como um exercício de diálogo entre as diferenças.

Para esse autor (*ibidem*), "é possível um currículo sem uma estrutura fortemente disciplinar, ainda que não se revele viável (ou mesmo desejável) o abandono, de todo, da lógica disciplinar". Para Moreira (2009, p. 67), "mais que a preservação e a eventual transgressão de fronteiras no currículo (...) não seriam desejáveis fronteiras flexíveis, nas quais se façam permanentes as tensões entre fechamento e abertura, entre disciplinaridade, inter ou transdisciplinaridade?".

Seguindo o caminho de que os tempos atuais são tempos que nos convidam a refletir sobre a vida cotidiana, seja ela de quem for, como repensar a lógica do cotidiano da educação escolar, na medida certa, trazendo para o ambiente escolar as vozes silenciadas desde muito tempo em consonância com as vozes que nunca se calaram? Como transitar pelas diferentes áreas do conhecimento com a mesma facilidade com que se transita pelos diferentes campos de uma mesma disciplina? Como fazer da escola um lugar em que as diferenças sejam cada vez menos percebidas e evidenciadas, surgindo no lugar delas o respeito mútuo?

Não sabemos se existem respostas para essas perguntas, mas certamente uma possibilidade seria aproximar cada vez mais o conhecimento das diferentes culturas e trazer para o ambiente escolar os saberes populares, os saberes até então negligenciados.

A escola seria um espaço bem mais rico se acolhesse o conhecimento que os alunos das classes populares trazem e que são resultado das lutas pela sobrevivência que as classes populares vivem e nas quais, sem dúvida, produzem conhecimentos. (Garcia e Moreira 2008, p. 9)

Já o conhecimento científico, cuja transmissão se diz ser função da escola, para Garcia e Moreira, à medida que for contextualizado, problematizado e confrontado com o conhecimento popular, a escola o difundirá, redefinirá e ressignificará, produzindo, portanto, conhecimentos melhores, produto da reaproximação da prática e da teoria.

> Nem a supervalorização da cultura que trazemos, nem a supervalorização da cultura popular, mas a possibilidade de se ter a sala de aula como um espaço de ressignificação de conhecimentos, de produção de novos conhecimentos, de problematização dos diferentes conhecimentos, tal como eles estão postos na sociedade. (*Ibidem*, p. 13)

Sendo o conhecimento, para nós, resultado da epistemologia social, proposta por Popkewitz, o currículo, mais do que padronizar, diferencia.

> (...) aceitar a existência do *currículo-problemático* que obriga a "pensar e a inventar problemas", realizando, assim, uma aprendizagem de novidades sempre imprevisíveis, envolvendo a transposição de todos os limites, levando todos os seus viventes a não reconhecerem mais nada do que até conheciam, impedindo-os de pensar como antes e de prosseguir sendo os mesmos. (Corazza e Tadeu, *apud* Pacheco 2004, p. 44)

Assim, em consonância com Garcia e Moreira (2008), acreditamos que a sala de aula deva ser um terreno fértil para a produção de saberes que se hibridizam e regulam a nossa compreensão do mundo e de nós mesmos.

> As escolas articulam-se com outros grupos sociais, com outros contextos e instituições, através das redes de relações formais e informais que ligam seus membros, e que os levam a assumir diferentes saberes fazeres na invenção dos currículos realizados. Essas relações tecidas em redes criam, nos cotidianos das escolas, *ambientes movediços, entre-lugares da cultura*, processos instituintes

que possibilitam aos sujeitos praticantes viverem suas dimensões de hibridização. (...) como sujeitos híbridos que somos e praticando saberes fazeres nesses entre-lugares da cultura que são as escolas, os sujeitos cotidianos inventam currículos que (...) não se deixam aprisionar por identidades culturais (ou políticas), originais ou fixas. (Ferraço 2004, pp. 88-89)

Consequentemente, "o currículo é sempre um espaço/tempo de transição em que sujeitos negociam suas identidades" (Macedo 2004, p. 129).

O conhecimento é cada vez mais um bem precioso, para todo e qualquer sujeito atuante na sociedade contemporânea. Por isso, cabe à educação escolar, por meio do seu currículo, produzi-lo – não qualquer conhecimento, privado de qualquer sentido, "mas um conhecimento que, depois de uma série de perguntas que se façam e de respostas que se deem, e com base em um posicionamento claro e consciente, tenhamos considerado importante (...)" (Garcia e Moreira 2008, p. 25) para ser desenvolvido por professores e alunos. Defendemos a tese de que esse conhecimento deve ser produzido pelas disciplinas escolares em consonância com os saberes cotidianos.

2
UM OLHAR SOBRE A CULTURA

Neste capítulo, discutiremos significados de cultura e a sua obrigatória presença para pensar as questões relacionadas a algumas ideias, como poder, resistência e política, que não nascem nas teorias de currículo, mas que foram por elas apropriadas. Para isso, recorremos às ideias de Moreira e Candau (2003), Hall (1997) e Neto (2003) para justificar a relevância da cultura nas discussões que tangenciam a educação, a escola, as disciplinas escolares e as relações de poder, resistência e política.

Compartilhamos do pensamento de Hall (1997) quando afirma que "toda ação social é cultural, que todas as práticas sociais expressam ou comunicam um significado e, neste sentido, são práticas de significação", ou seja, toda prática social tem uma dimensão cultural, da mesma forma que as práticas políticas e econômicas também têm uma dimensão cultural. Conforme Neto (2003), não se trata de "tomar a cultura como uma instância epistemologicamente superior às demais instâncias sociais, mas sim [de] tomá-la atravessando tudo aquilo que é do social". Segundo Moreira e Candau (2003), "aceitando-se esse ponto de vista, não há como se negar a estreita relação entre as práticas escolares e a(s) cultura(s)".

Para Neto (2003), atualmente as questões culturais têm recebido grande atenção, nas mais diferentes esferas – acadêmica, política, cotidiana e mesmo econômica –, crescendo, assim, a importância da cultura para refletir sobre o mundo contemporâneo. No campo educacional, não foi diferente; conforme Giroux (1986, p. 137), a cultura é um construto central para a compreensão das relações complexas entre a escolarização e a sociedade dominante.

> (...) a cultura é vista como um sistema de práticas, um modo de vida que constitui e é constituído por um jogo dialético entre comportamento específico de classe e circunstâncias de um determinado grupo social, e os poderosos determinantes ideológicos e estruturais na sociedade maior.

Segundo Giroux, nas revisões feitas na teoria marxista, na década de 1970, o capital cultural passa a ocupar um lugar privilegiado que, antes, era ocupado, unicamente, pelo capital econômico.

> (...) a economia não representava mais uma força privilegiada na estruturação das relações sociais. *A cultura, que era mero reflexo do modo de produção*, passou a ser um terreno habitado pelas lutas vividas e níveis de conflito da determinação. (*Ibidem*, p. 164; grifo nosso)

A centralidade da cultura não significa que ela é uma dimensão epistemologicamente superior às demais dimensões sociais, como a dimensão política, a econômica, a educacional, mas que atravessa toda e qualquer prática social. Essa centralidade indica "a forma como a cultura penetra em cada recanto da vida social contemporânea, fazendo proliferar ambientes secundários, mediando tudo" (Hall 1997, p. 5).

> Assim, assiste-se hoje a uma verdadeira *virada cultural*, que pode ser resumida como o entendimento de que a cultura é central não porque ocupe um centro, uma posição única e privilegiada, mas

porque perpassa tudo o que acontece nas nossas vidas e todas as representações que fazemos desses acontecimentos. (Hall, *apud* Neto 2003, p. 6)

Para Hall, a cultura sempre foi importante nas ciências humanas e sociais, na medida em que os estudos das linguagens, da literatura, das artes, entre outros, sempre fundamentaram o tema, embora não fosse trivial o entendimento de que esses estudos compusessem um conjunto diferenciado de significados, ou seja, uma cultura, na concepção desse autor. Já para as ciências sociais, em particular para a sociologia, o diferencial da ação social, ou melhor, do comportamento de um indivíduo, ou grupo, é que a cultura demanda significado e é importante para que ele se construa.

A ação social é significativa tanto para aqueles que a praticam quanto para os que observam: não em si mesma, mas em razão dos muitos e variados sistemas de significado que os seres humanos utilizam para definir o que significam as coisas e para codificar, organizar e regular sua conduta uns em relação aos outros. (Hall 1997, p. 1)

São esses sistemas ou códigos de significados que, segundo Hall, dão sentido às nossas ações, permitem-nos interpretar ações alheias e, quando tomados em seu conjunto, formam as nossas culturas, asseguram que toda ação social é cultural e que as práticas sociais imbuídas de significado são práticas de significação.

Consideramos oportuna uma discussão um pouco mais aprofundada da ideia de cultura associada às práticas de significação, que aparece, segundo Eagleton (2005), com a definição semiótica de cultura proposta por Geertz.

A concepção simbólica de cultura

Para Thompson (2009), o uso dos símbolos é um traço distintivo da vida humana, e esse caráter simbólico tem sido um tema recorrente de reflexão entre os interessados e os usuários envolvidos no desenvolvimento das ciências humanas e sociais. No contexto da antropologia, essa reflexão pode ser descrita como a concepção simbólica da cultura, e seu esboço inicial surgiu com Leslie White.

White considera que o homem e a cultura são inseparáveis, ou seja, um não existe sem o outro. A explicação para essa afirmação pode ser dada por meio dos símbolos e dos significados atribuídos a eles – uma capacidade inerente ao homem. A cultura é, então, realizada pela simbolização.

> Quando os processos biológicos naturais de evolução e revolução produziram um animal simbolizador, a cultura surgiu. Surgiu como uma consequência do exercício da capacidade de simbolizar, com o discurso articulado, que é a forma típica de simbolização, o mundo inteiro se tornou classificado, conceitualizado e verbalizado, e as relações entre coisas se estabeleceram com base nessas concepções. (White e Dillingham 2009, p. 26)

Para White, o discurso articulado é um recurso extremamente poderoso naquilo que diz respeito à criação, à ordenação e à regulação de sistemas de parentescos, sistemas políticos e econômicos. Esse discurso articulado é fruto da simbolização. A linguagem, nesse contexto, possibilita acumular e transmitir o conhecimento, que, por meio da simbolização e do discurso articulado, cria organizações sociais e instituições econômicas, aperfeiçoa constantemente o uso de ferramentas e forma tradições de conhecimentos e de crenças.

Conforme White, se não fosse nossa capacidade de construir um discurso articulado, ainda estaríamos vivendo como o homem de neandertal, sem organização social e tecnologia humana. A cultura, em termos ideológicos, sociológicos e tecnológicos, depende da simbolização, que, por sua vez, depende do discurso articulado. Portanto, a origem da cultura foi consequência do exercício da capacidade humana de atribuir significado aos símbolos (simbolizar). Assim, o papel da cultura, para White, é contribuir para uma vida com mais segurança e durabilidade para a espécie humana. O homem é, ao mesmo tempo, animal e ser humano.

Visto que a função da cultura é atender às necessidades do homem para tornar a vida segura e duradoura, podemos dividir essas necessidades em duas classes, quais sejam: as que podem ser satisfeitas com os recursos materiais existentes no mundo exterior e as que não podem ser satisfeitas com eles. A cultura explora os recursos do mundo exterior para fornecer materiais e tornar a vida mais segura, contínua e duradoura. A exploração dos recursos pela cultura se dá ideológica, sociológica e tecnologicamente.

Segundo White, a cultura humana não é homogênea; muito pelo contrário, ela é tremendamente variada, e essas variações apresentam também uma dimensão temporal, dado que uma mesma cultura muda com o tempo. Por exemplo, a cultura do Brasil não é hoje o que era há cem anos. A cultura também muda de lugar para lugar: a cultura do estado de São Paulo não é a mesma da Indonésia; a cultura varia com os povos: a cultura dos aborígines não é a mesma dos índios do Oiapoque.

Não se pode entender uma cultura sem que se saiba algo sobre o homem como animal. Compreender a origem e as funções da cultura exige compreender o homem; portanto, há uma relação íntima e necessária entre o homem, como um tipo de animal, e a cultura, considerando-a de forma genérica e como um todo. Logo, a origem e a função da cultura não podem ser entendidas sem que saibamos suficientemente sobre o homem.

Conforme Thompson (2009), nas últimas décadas, a concepção simbólica da cultura foi colocada no centro dos debates antropológicos por Clifford Geertz, o qual defende que o conceito de cultura seja essencialmente semiótico, diferente do simbólico defendido por White.

> Acreditando, como Max Weber, que o Homem é um animal amarrado a teias de significados que ele mesmo teceu, assumo a cultura como sendo essas teias e a sua análise; portanto, não como uma ciência experimental em busca de leis, mas como uma ciência interpretativa, à procura do significado. É justamente uma explicação que eu procuro, ao construir expressões sociais enigmáticas na sua superfície. (Geertz 2008, p. 4)

Segundo Geertz, o ponto global da abordagem semiótica da cultura é contribuir para ter mais acesso ao mundo conceptual no qual vivem os sujeitos, de modo que consigamos, num sentido amplo, dialogar com eles.

> A tensão entre o obstáculo dessa necessidade de penetrar num universo não-familiar de ação simbólica e as exigências do avanço técnico na teoria da cultura, entre a necessidade de apreender e a necessidade de analisar, é, em consequência, tanto necessariamente grande como basicamente irremovível. (*Ibidem*, p. 17)

Em torno dessa análise, o autor propõe duas condições para sua teoria cultural: a primeira condição considera que, quanto mais o conhecimento teórico avança, mais a tensão aumenta, ou seja, você "não é seu próprio dono"; com isso, a sua liberdade de modelar-se em termos de uma lógica interna é muito limitada: "Qualquer generalidade que consegue alcançar surge da delicadeza de suas distinções, não da amplidão" (*ibidem*). A segunda condição trata a teoria cultural como não profética, uma vez que a generalização não é construída por meio de um conjunto de observações que tentamos subordinar a uma lei ordenadora, mas sim de inferência, que se inicia por um conjunto de significantes (presumíveis) que depois se tenta enquadrar de forma inteligível. Na cultura, esse conjunto de significantes são os atos simbólicos ou conjuntos de atos simbólicos, e o objetivo é a análise do discurso.

Geertz afirma que a tarefa construída com base na concepção simbólica da cultura é a de descobrir as estruturas conceituais que informam os atos dos sujeitos, o "dito" no discurso social, e construir um sistema de análise que permita diferenciar o que é específico dessas estruturas conceituais de outros determinantes do comportamento humano. Ou seja, a teoria tem como principal tarefa fornecer um vocabulário no qual possa ser expresso o que o ato simbólico tem a dizer sobre ele mesmo, isto é, sobre o papel da cultura na vida humana.

Segundo Thompson (2009), a obra de Geertz é a mais importante formulação do conceito de cultura que emergiu da literatura antropológica, uma vez que o antropólogo estadunidense reorientou a análise da cultura para o estudo do significado e do simbolismo e destacou a centralidade da interpretação como uma abordagem metodológica.

Contudo, Thompson impõe à teoria de Geertz três dificuldades e fraquezas, dentre as quais nos interessa a que considera que a abordagem teórica de Geertz dá pouca atenção aos problemas de conflito social e de poder.

> Os fenômenos culturais são vistos, acima de tudo, como constructos significativos, como formas simbólicas, e a análise da cultura é entendida como a interpretação dos padrões de significado incorporados a essas formas. Mas os fenômenos culturais também estão implicados em relações de poder e conflito. (Thompson 2009, p. 179)

A ênfase da abordagem semiótica de Geertz é mais no significado do que no poder, e mais no significado do que nos significados divergentes e conflitantes que os fenômenos culturais podem ter para indivíduos situados em diferentes circunstâncias e possuidores de diferentes recursos e oportunidades. Portanto, a análise feita por Thompson acerca da concepção simbólica da cultura, especialmente na forma elaborada nos escritos de Geertz, leva-o a concluir que ela falha ao não dar suficiente atenção aos problemas de poder e conflito e, mais genericamente, aos contextos sociais estruturados dentro dos quais os fenômenos culturais são produzidos, transmitidos e recebidos.

A concepção estrutural de cultura

Thompson toma como referência o trabalho de Geertz para desenvolver uma abordagem alternativa a respeito dos fenômenos culturais. Essa abordagem busca enfatizar tanto o caráter simbólico dos fenômenos culturais como o fato de tais fenômenos estarem sempre inseridos em contextos sociais estruturados. O autor oferece uma característica inicial de sua concepção, definindo a "análise cultural" como:

(...) o estudo das formas simbólicas – isto é, ações, objetos e expressões significativas de vários tipos – em relação a contextos e processos historicamente específicos e socialmente estruturados dentro dos quais, e por meio dos quais, essas formas simbólicas são produzidas, transmitidas e recebidas. Os fenômenos culturais, deste ponto de vista, devem ser entendidos como formas simbólicas em contextos estruturados; e a análise cultural como o estudo da constituição significativa e da contextualização social das formas simbólicas. (Thompson 2009, p. 181)

Para Thompson, como formas simbólicas, os fenômenos culturais são significativos tanto para os atores, pois são, rotineiramente, interpretados por eles na sua vida cotidiana, quanto para os analistas, que buscam por meio da interpretação compreender as características significativas da vida social. No entanto, formas simbólicas, para esse autor, inserem-se em contextos e processos sócio-históricos específicos dentro e por meio dos quais são produzidas, transmitidas e recebidas.

A estruturação dos contextos e a estruturação dos processos podem ser caracterizadas, por exemplo, por relações assimétricas de poder, por acesso diferenciado a recursos e oportunidades e por mecanismos institucionalizados de produção, transmissão e recepção das formas simbólicas. Por isso, ao analisarmos os fenômenos culturais, os contextos, os processos estruturados e a interpretação das formas simbólicas, eles são elucidados.

Thompson, ao desenvolver a concepção estrutural da cultura, preocupou-se em analisar como ocorrem os contextos em que se inserem as formas simbólicas e os processos socialmente estruturados por meio dos quais elas se desenvolvem. A concepção estrutural da cultura é tanto uma alternativa como uma alteração da concepção simbólica, ou seja, um modo de alterar a concepção simbólica considerando os contextos e os processos socialmente estruturados.

Para esse autor, a constituição das formas simbólicas leva em consideração os aspectos intencional, convencional, estrutural, referencial e contextual. Em relação ao aspecto intencional, as formas simbólicas são

92   Papirus Editora

as expressões de um sujeito e para um sujeito; as formas simbólicas são produzidas, construídas e empregadas por um sujeito que tem a intenção de alcançar certos objetivos e propósitos, expressar-se por meio de uma mensagem que deve ser entendida por outro(s) sujeito(s).

> A constituição de um objeto como forma simbólica pressupõe que ela seja produzida, construída ou empregada por um sujeito para um sujeito ou sujeitos e/ou que ela seja percebida como produzida dessa forma pelo sujeito ou sujeitos que a recebe. (*Ibidem*, p. 184)

O aspecto convencional relaciona-se ao fato de que a produção, a construção ou o emprego das formas simbólicas, bem como sua interpretação pelos sujeitos que as recebem, referem-se a processos que apresentam como característica a aplicação de regras, códigos ou convenções de vários tipos. O movimento citado não implica que o sujeito tenha consciência das regras, ou que seja capaz de formulá-las, mas que as aplique em situações práticas, como esquemas implícitos ou indiscutíveis para a geração e a interpretação de formas simbólicas. Conforme Thompson, elas fazem parte do conhecimento tácito que os indivíduos empregam no curso de suas vidas cotidianas, criando, constantemente, expressões significativas e dando sentido às expressões criadas por outros.

O aspecto estrutural das formas simbólicas se refere ao fato de que elas são construções que exibem uma estrutura articulada, ou seja, possuem elementos que se colocam em determinadas relações uns com os outros. Thompson faz distinção entre a estrutura de uma forma simbólica, de um lado (que é um padrão de elementos que podem ser discernidos em casos concretos de expressão, em efetivas manifestações verbais, expressões ou textos), e o sistema corporificado de uma forma simbólica particular, de outro (que é uma constelação de elementos – sistêmicos – que existem independentemente de qualquer forma simbólica particular, mas que se concretizam em formas simbólicas nesse sentido).

Para Thompson, a análise dos traços estruturais e a relação entre esses traços e as características dos sistemas simbólicos são uma parte importante, porém limitada, do estudo das formas simbólicas. A importância se deve ao fato de que o significado transmitido é, normalmente, construído com traços estruturais e elementos sistêmicos de forma que, ao analisá-los, podemos aprofundar nossa compreensão do significado transmitido pelas formas simbólicas. Já a limitação ocorre porque o significado transmitido pelas formas simbólicas nunca é esgotado por esses traços e elementos e porque negligencia o aspecto referencial das formas simbólicas e o abstrai do contexto sócio-histórico e dos processos em que essas formas estão inseridas.

O aspecto referencial relaciona-se ao fato de que essas formas são construções que tipicamente representam algo, referem-se a algo, dizem algo sobre alguma coisa. Isso quer dizer que as formas simbólicas, ou algum elemento delas, podem, em um determinado contexto, substituir ou representar um objeto, um indivíduo ou uma situação, assim como, em um sentido mais específico, uma expressão linguística pode, em determinada ocasião de uso, referir-se a um objeto particular.

O aspecto contextual possibilita as formas simbólicas estarem sempre inseridas em processos e contextos sócio-históricos específicos dentro dos quais e por meio dos quais elas são produzidas, transmitidas e recebidas.

> Mesmo uma simples frase, dita por uma pessoa a outra no curso de sua interação diária, está inserida em um contexto social estruturado e pode carregar os traços das relações sociais características deste contexto. (Thompson 2009, p. 192)

Para Thompson, as formas simbólicas mais complexas (discursos, textos, obras de artes etc.) pressupõem uma variedade de instituições específicas dentro e por meio das quais essas formas são produzidas, transmitidas e recebidas. O que elas são, o modo como são formadas, circulam e são recebidas no meio social, bem como o sentido e o valor que elas têm para os que as recebem, dependem dos contextos e das instituições que as geram, medeiam e mantêm.

Assim, a maneira como um discurso é interpretado por indivíduos particulares, sua percepção como um "discurso" e o peso a ele atribuído estão condicionados ao fato de que essas palavras foram expressas por esse indivíduo, nessa ocasião, nesse ambiente, e de que são transmitidas por esse meio (um microfone, uma câmera de televisão, um satélite). (*Ibidem*)

Por fim, a concepção elaborada por Thompson enfatiza a constituição significativa e a contextualização social das formas simbólicas com base em pressupostos desenvolvidos por Geertz, articulados a uma abordagem sistemática pela qual as formas simbólicas são vistas como inseridas em contextos sociais estruturados e examinadas em seus aspectos intencional, convencional, estrutural e referencial.

Após essa discussão acerca da ideia de cultura associada às práticas de significação, pretendemos trazer outros elementos para o debate sobre a centralidade que a cultura alcançou nas diferentes esferas da vida cotidiana.

A centralidade da cultura

Em nossa concepção, a cultura assume uma posição de destaque para pensar o mundo, por meio de trabalhos seminais (entre os quais estão os de Raymond Williams) dos estudos culturais, na década de 1960. Foi nessa década que, segundo Hall (1997), a virada cultural[1] adquiriu *status* elevado nas discussões do cotidiano intelectual e acadêmico e surgiu uma área interdisciplinar, centrada na cultura, denominada "estudos culturais".

A corrente de pensamento seminal dos estudos culturais buscou unir os diferentes sentidos de cultura que estavam se distanciando, ou

---

1. Refere-se a uma abordagem da análise social contemporânea que passou a ver a cultura como uma condição constitutiva da vida social, em vez de uma variável dependente, provocando, assim, nos últimos anos, uma mudança de paradigma nas ciências sociais e nas humanidades que passou a ser conhecida como "virada cultural" (Hall 1997, p. 9).

seja, "cultura (no sentido das artes) define uma qualidade de vida refinada (cultura como civilidade), cuja realização na cultura (no sentido de vida social) como um todo é a tarefa da mudança política" (Eagleton 2005, p. 34).

Ao investigar a complexa história da palavra "cultura", Williams identificou três sentidos modernos principais da palavra, associando-os ao cultivo ativo da mente.

> Podemos distinguir uma gama desde (i) *um estado mental desenvolvido* – como em "pessoa de cultura", "pessoa culta", passando por (ii) *os processos desse desenvolvimento* – como em "interesses culturais", "atividades culturais", até (iii) *os meios desses processos* – como em cultura considerada como "as artes" e "o trabalho intelectual do homem". (Williams 2008, p. 11)

Para Williams, os sentidos de cultura serviram como resultado de formas precursoras de convergência de interesses, das quais se destacam duas principais, frequentemente classificadas como idealista (ênfase no espírito formador) e materialista (com ênfase em uma ordem social global), que contribuem fortemente para o estudo das relações entre as atividades culturais e as demais formas de vida social.

> (a) ênfase no *espírito formador* de um modo de vida global, manifesto por todo o âmbito das atividades sociais, porém mais evidente em atividades "especificamente culturais" – uma certa linguagem, estilos de arte, tipos de trabalho intelectual; e (b) ênfase em *uma ordem social global* no seio da qual uma cultura específica, quanto a estilos de arte e tipos de trabalho intelectual, é considerada produto direto ou indireto de uma ordem primordialmente constituída por outras atividades sociais. (*Ibidem*, p. 12)

Nas obras contemporâneas, as duas formas citadas são revisitadas e assumem definições mais amplas, associadas a um sistema de significações em que, qualquer que seja a ação social, ela é informada, transmitida, apropriada, o que permite certa convergência entre os sentidos antropológico e sociológico da cultura e o sentido mais especializado de cultura como atividades artísticas e intelectuais; dessa forma, o caráter estético e o antropológico se conciliam.

Eagleton (2005, p. 42) considera que a cultura como ideia começa a ser importante em quatro momentos históricos de crise, quais sejam

> (...) quando se torna a única alternativa aparente a uma sociedade degradada; quando parece que, sem uma mudança social profunda, a cultura no sentido das artes e do bem viver não será mais nem mesmo possível; quando fornece os termos nos quais um grupo ou povo busca sua emancipação política; e quando uma potência imperialista é forçada a chegar a um acordo com o modo de vida daqueles que subjuga.

Segundo o filósofo britânico, os dois últimos, provavelmente, foram os responsáveis pelo *status* da centralidade da cultura, ou seja, quando a dimensão política da cultura se fortalece, a cultura se empodera.

Para Hall (1997), a centralidade da cultura pode ser investigada por seu aspecto substantivo – que significa a posição de destaque que ocupa a cultura na estruturação organizacional e institucional de uma sociedade, independentemente do momento histórico – e por seu aspecto epistemológico – que significa o posicionamento da cultura diante de questões conceituais e de conhecimento, ou seja, como a cultura analisa, compreende, delineia, transforma, interpreta e conjectura os modelos teóricos e as nossas ações nesse mundo.

Os aspectos substantivos da centralidade da cultura

No século XX, a cultura assumiu um papel de destaque em relação à estrutura e à organização da sociedade pós-moderna, bem como em relação "aos processos de desenvolvimento do meio ambiente global e à disposição de seus recursos econômicos e materiais. Os meios de produção, circulação e troca cultural, em particular, têm se expandido, através das tecnologias e da revolução da informação" (Hall 1997, p. 2).

O acelerado desenvolvimento tecnológico, em particular da indústria da informação, fez a mídia, que tanto é uma parte crítica na infraestrutura material das sociedades modernas, quanto um dos principais meios de circulação das informações nessas sociedades, assumir um lugar privilegiado e, particularmente, perigoso, na inculcação de ideias, de qualquer tipo, na mente das pessoas. Da mesma forma que elege um corrupto ou derruba um inocente do poder, a mídia também aumenta a velocidade com que as informações – econômicas, culturais, políticas, religiosas, esportivas etc. – são veiculadas, contribuindo para a obtenção de lucros ou prejuízos.

É um lugar muito poderoso para ser ocupado apenas por um setor da sociedade, tendo em vista que aqueles que detêm o monopólio da informação ascendem a uma condição privilegiada nas relações de poder e governança.

As tecnologias de comunicação digital e da informação são os novos sistemas nervosos que enredam em uma teia sociedades multiculturais e é aqui "que as revoluções da cultura (...) causam impacto sobre os modos de viver, sobre o sentido que as pessoas dão à vida, sobre suas aspirações para o futuro – sobre a cultura num sentido mais local" (*ibidem*). O impacto causado pela revolução cultural e informacional nas relações globais contemporâneas nos leva a crer que as lutas pelo poder, cada vez mais, serão efetivadas nos campos simbólico e discursivo.

Para o referido autor, a centralidade da cultura indica o modo como a cultura invade e norteia cada "recanto da vida contemporânea". É difícil imaginar algum lugar em que a cultura não aja direta ou indiretamente no dia a dia das diferentes sociedades, sejam elas afortunadas ou não. Nesse sentido, a cultura não pode ser apenas mais uma peça de peão no tabuleiro de xadrez da governança das sociedades contemporâneas.

A centralidade da cultura também traz impactos à vida interior das pessoas, pois atua na composição de subjetividade, de identidade, e na fabricação das diferenças dos sujeitos participantes da sociedade contemporânea. Isso está relacionado ao fato de que "os significados são subjetivamente válidos e, ao mesmo tempo, estão objetivamente presentes no mundo contemporâneo, em nossas ações, instituições, rituais e práticas" (*ibidem*, p. 6). O responsável por isso é o destaque dado à linguagem e ao significado das práticas sociais.

A construção das identidades sociais se dá no interior da representação, por meio da cultura, e não fora dela. Ainda segundo Hall, as identidades sociais

> (...) são o resultado de um processo de identificação que permite que nos posicionemos no interior das definições que os discursos culturais (exteriores) fornecem ou que nos subjetivemos (dentro deles). Nossas chamadas subjetividades são, então, produzidas parcialmente de modo discursivo e dialógico. (*Ibidem*, p. 8)

Novamente, cabe aqui uma discussão mais pontual em relação às questões de identidade, subjetividade e diferença.

Identidade, subjetividade e diferença

Segundo Woodward (2009), as identidades passam a ter sentido por intermédio da linguagem e dos sistemas simbólicos que formam o seu sistema de representação, que, por sua vez, age simbolicamente para classificar, quantificar, relacionar etc. o mundo e nós mesmos.

Para a autora, a identidade é relacional, depende da existência de algo fora dela para se formar; por isso, ela é marcada pela diferença, que é sustentada pela exclusão, uma vez que, se alguém é judeu, não pode ser muçulmano, e vice-versa; a identidade também é marcada por meio de símbolos, ou seja, há uma estreita relação entre a identidade de uma pessoa e as coisas que ela usa; por isso, o edifício conceitual da identidade é simbólico, social e material.

A marcação simbólica é o meio pelo qual damos sentido às práticas e às relações sociais, definindo, por exemplo, quem é excluído e quem é incluído. É por meio da diferenciação social que essas classificações da diferença são "vividas" nas relações sociais. (Woodward 2009, p. 14)

Além das dimensões simbólica, social e material, que contribuem para a formação e a manutenção das identidades, há também a dimensão psicológica, a qual está associada à posição e ao compromisso que o indivíduo assume com a sua própria identidade.

A construção das identidades sociais ocorre no interior da representação, por meio da cultura, e não fora dela, ou seja, as identidades são produzidas pelos sistemas de representação.

A representação inclui as práticas de significação e os sistemas simbólicos por meio dos quais os significados são produzidos, posicionando-nos como sujeito. É por meio dos significados produzidos pelas representações que damos sentido à nossa experiência e àquilo que somos. (*Ibidem*, p. 17)

Desse modo, as práticas de significação geradoras de significados estão envolvidas também por relações de poder, pois, por meio dos sistemas simbólicos, relatam e dão forma ao processo de incluir e excluir e "fornecem novas formas de se dar sentido à experiência das divisões e desigualdades sociais e aos meios pelos quais alguns grupos são excluídos e estigmatizados. As identidades são contestadas" (*ibidem*, p. 19).

De acordo com Woodward, qualquer prática social é simbolicamente marcada; já as identidades são diversas e matizadas, tanto no que se refere aos contextos sociais nos quais elas são vividas quanto nos sistemas simbólicos por meio dos quais são dados sentidos às nossas próprias posições.

No que tange à diferença, ela surge na fabricação das identidades, por meio tanto dos sistemas simbólicos de representação quanto das formas de exclusão social, e, por isso, a identidade e a diferença são intrinsecamente dependentes.

Essas formas de diferença simbólica e social se estabelecem, de um modo geral, por meio dos sistemas classificatórios. Segundo a referida autora, esses sistemas aplicam um princípio de diferença a uma população de tal modo que seja possível dividi-la em ao menos dois grupos mutuamente excludentes. Os sistemas classificatórios, ao organizarem e ordenarem a vida cotidiana das pessoas, produzem os significados. "Segundo Durkheim, se quisermos compreender os significados partilhados que caracterizam os diferentes aspectos da vida social, temos que examinar como eles são classificados simbolicamente" (Woodward 2009, p. 40).

Para essa autora, a identificação, a existência da diferença é, por si só, a componente-chave de qualquer sistema de classificação.

> (...) as formas pelas quais a cultura estabelece fronteiras e distingue a diferença é aquilo que separa uma identidade da outra, estabelecendo distinções, frequentemente na forma de oposições (...). Cada cultura tem suas próprias e distintivas formas de classificar o mundo e é por meio da construção de sistemas classificatórios que a cultura nos propicia os meios pelos quais podemos dar sentido ao mundo social e construir significados. (*Ibidem*, p. 41)

Para Hall (1997, p. 54), esses sistemas classificatórios representam uma forma de regular, culturalmente, nossas condutas, definindo os limites entre a semelhança e a diferença: "A diferença é marcada por representações simbólicas que atribuem significado às relações sociais, mas a exploração da diferença não nos diz por que as pessoas investem nas posições que elas investem nem por que existe esse investimento pessoal na identidade".

Acreditamos que seja aqui o lugar onde reside a subjetividade. Do ponto de vista de Woodward (2009), a subjetividade indica a compreensão de si mesmo, na medida em que reúne os pensamentos e as emoções tanto conscientes quanto inconscientes que definem as concepções, as certezas e as incertezas que construímos sobre nós mesmos.

Essa subjetividade, inspirada por um contexto social marcadamente linguístico e cultural, influencia a construção de nossa identidade, ou seja, o social, o linguístico e o cultural atuam, direta ou indiretamente, em quem somos e na maneira como pensamos e agimos; em outras palavras, os posicionamentos dos quais nos apropriamos e com os quais nos subjetivamos constituem nossas identidades.

A subjetividade indicada por Woodward é, para Foucault, segundo Larrosa, a experiência de si:

> A experiência de si não é senão o resultado de um complexo processo histórico de fabricação no qual se entrecruzam os discursos que definem a verdade do sujeito, as práticas que regulam seu comportamento e as formas de subjetividade nas quais se constitui sua própria interioridade. (...) A experiência de si, historicamente constituída, é aquilo a respeito do qual o sujeito oferece seu próprio ser quando se observa, se decifra, se interpreta, se descreve, se julga, se narra, se domina, quando faz determinadas coisas consigo mesmo, etc. E esse ser próprio sempre se produz com relação a certas problematizações e no interior de certas práticas. (Larrosa 2008, p. 43)

Independentemente do tipo de conjunto de significados elaborado pelas práticas discursivas, sua eficácia será medida pela capacidade que ele tem para nos assujeitar. "Os sujeitos são, assim, sujeitados ao discurso e devem eles próprios assumi-lo como indivíduos que, dessa forma, se posicionam a si próprios" (Woodward 2009, p. 55). Para essa autora, o conceito de subjetividade serve ao propósito de exploração dos sentimentos envolvidos no processo de produção e fabricação da identidade. O conceito explica e justifica as escolhas que fazemos para nos apegarmos a identidades particulares.

> Se a experiência de si é histórica e culturalmente contingente, é também algo que deve ser transmitido e aprendido. Toda cultura deve transmitir um certo repertório de modos de experiência de si, e todo novo membro de uma cultura deve aprender a ser pessoa em alguma das modalidades incluídas nesse repertório. (Larrosa 2008, p. 45)

Segundo Woodward (2009), a cultura molda a identidade do sujeito por meio das práticas de significação e da construção de uma subjetividade específica, por meio de uma gama de identidades possíveis, regulando, com isso, os tipos de sujeitos que somos.

Os aspectos epistemológicos da centralidade da cultura

Segundo Hall, uma revolução conceitual de peso está ocorrendo nas ciências humanas e sociais, extrapolando a ideia de colocar as questões centrais no mesmo patamar, ou melhor, ao lado dos processos econômicos, das instituições sociais e da produção de bens, da riqueza e de serviços.

A "virada cultural" está associada à virada linguística, que tomou a linguagem "como um termo geral para as práticas de representação, e a colocou numa posição de destaque na construção e circulação do significado" (Hall 1997, p. 9). Para exemplificar: uma árvore existe independentemente da nossa vontade, mas ela só é uma árvore porque é assim que a classificamos.

> Isso manteve aberto um fosso entre a existência e o significado de um objeto. O significado surge não das coisas em si, a realidade, mas a partir dos jogos da linguagem e dos sistemas de classificação nos quais as coisas são inseridas. O que consideramos fatos naturais são, portanto, também fenômenos discursivos. (*Ibidem*, p. 10)

Assim, há uma correlação forte entre a "virada cultural" e a virada linguística, "pois a cultura não é nada mais do que a soma de diferentes sistemas de classificação e diferentes formações discursivas[2] aos quais a língua recorre a fim de dar significado às coisas" (*ibidem*).

---

2. O próprio termo "discurso" refere-se a uma série de afirmações, em qualquer domínio, que fornece uma linguagem, para que se possa falar sobre um assunto, e uma forma de produzir um tipo particular de conhecimento. Refere-se tanto à

Hall considera que a "virada cultural" amplia o entendimento da linguagem para a vida social de forma geral. Assim, os processos econômicos, políticos, sociais, por dependerem do significado e consequentemente da maneira como vivemos, nos reconhecemos e nos identificamos, também devem ser compreendidos como práticas culturais, discursivas.

Epistemologicamente, "a centralidade da cultura repousa nas mudanças de paradigma que a 'virada cultural' provocou no interior das disciplinas tradicionais, no peso explicativo que o conceito de cultura carrega, e no seu papel constitutivo ao invés de dependente, na análise social" (Hall 1997, p. 12).

É o conceito de cultura ascendendo a uma categoria mais abrangente de instituições e práticas, sugerindo, com isso, que cada instituição ou atividade social cria e não sobrevive sem seu próprio universo distintivo de práticas de significação, sua própria cultura. Hoje, falamos de cultura empresarial, escolar, do trabalho, das corporações etc.

> De acordo com este enfoque, todas as práticas sociais, na medida em que sejam relevantes para o significado ou requeiram significado para funcionar, têm uma dimensão cultural. Não é que tudo seja cultura, mas que toda prática social depende e tem relação com o significado, consequentemente, sendo a cultura uma das condições constitutivas de existência dessa prática, toda prática social tem uma dimensão cultural. Não que não haja nada além do discurso, mas que toda prática social tem o seu caráter discursivo. (*Ibidem*, p. 13)

Segundo o autor, qualquer prática social, ao produzir significados e interferir nas ações sociais, é prática cultural; portanto, discursiva.

> Assim sendo, certamente, há práticas *políticas* que se referem ao controle e ao exercício do poder, da mesma forma que existem

---

produção de conhecimento mediante a linguagem e a representação, quanto ao modo como o conhecimento é institucionalizado, modelando práticas sociais e pondo novas práticas em funcionamento (Hall 1997, p. 10).

práticas *econômicas*, que se referem à produção e à distribuição dos bens e da riqueza. Cada uma está sujeita às condições que organizam e regem a vida política e econômica destas sociedades. (*Ibidem*)

De acordo com Hall, tanto o político quanto o econômico, na medida em que são imbuídos de significado, são práticas culturais; isso quer dizer que a dimensão discursiva é condição *sine qua non* para o funcionamento da economia e da política. A economia e a política não seriam práticas de significação sem a cultura ou afastadas dos sistemas de significados e dos discursos. Portanto, a cultura é "uma parte constitutiva do 'político' e do 'econômico', da mesma forma que o 'político' e o 'econômico' são, por sua vez, parte constitutiva da cultura e a ela impõem limites" (*ibidem*).

Cultura e currículo

Neste capítulo destacamos a importância da cultura para a discussão das questões da contemporaneidade, partindo da premissa de que a cultura é formada por um conjunto de sistemas de significados que dão sentido às ações humanas, sejam elas as nossas ou as demais, possibilitando o entendimento de que qualquer ação social é cultural e que, por isso, as práticas sociais que expressam, comunicam e produzem significados são práticas de significação, discursivas. Dessa forma, sendo a política, a economia, a educação, o poder, entre outros, práticas sociais, produtoras de discursos e significados, elas também têm uma dimensão cultural. Do ponto de vista da dimensão educacional, que é o nosso objeto de estudo, em consonância com Neto (2004a), consideramos que a escola tanto produz quanto reproduz a sociedade em que está inserida.

As práticas de significação e os sistemas simbólicos, constituintes de um sistema de representação, atuam na constituição do sujeito, da sua subjetividade e da sua identidade e na fabricação de formas de diferenças entre os elementos de um mesmo ou distinto grupo social. Essa sujeição é responsável pela produção das diferenças, que são intrínsecas à constituição das identidades, regulando os sujeitos e suas condutas.

A cultura como é aqui entendida produz outras formas de regulação, como a normativa, que molda e direciona nossa conduta e nossas práticas humanas, tornando nossas ações sociais claras para os outros; e os sistemas classificatórios, por meio da classificação de ações e da comparação de condutas e práticas humanas.

A sujeição por meio da cultura é uma forma de poder, na medida em que a cultura se torna mais central no debate e na compreensão das questões contemporâneas, ou seja, as questões associadas à política, ao poder, à economia, à educação etc.

Como afirma Hall (1997, p. 15),

> (...) seja o que for que tenha a capacidade de influenciar a configuração geral da cultura, de controlar ou determinar o modo como funcionam as instituições culturais ou de regular as práticas culturais, isso exerce um tipo de poder explícito sobre a vida cultural.

Consequentemente, os que almejam influenciar a tomada de decisões, na contemporaneidade, deverão, segundo Hall, controlar a cultura.

As mudanças ocorridas nos campos social e cultural e, principalmente, na percepção da importância da cultura para pensar o mundo contemporâneo, ao exercerem sua influência no pensamento da educação escolar, atingiram diretamente um componente crucial da educação, qual seja, o currículo, possibilitando tomá-lo como uma arena de luta circundada pela significação e pela identidade. O currículo mantém uma relação muito próxima com o social e o cultural. Em consonância com Neto (2004a), afirmamos que o currículo é um artefato escolar inventado por meio de ressignificações do mundo social e, consequentemente, do mundo cultural, ou seja, ressignificações do espaço e do tempo. O currículo visto "como um espaço-tempo de fronteira,[3]

---

3. Segundo Macedo (2006, p. 106), a noção de fronteira, do ponto de vista pós-colonialista, designa "um espaço-tempo em que sujeitos, eles mesmos híbridos em seus pertencimentos culturais, interagem produzindo novos híbridos que não podem ser entendidos como um simples somatório de culturas de pertencimentos".

permeado por relações interculturais e por um poder oblíquo [não linear] e contingente" (Macedo 2006, p. 106).

O currículo é uma invenção social, logo, uma prática cultural, e, por isso, segundo essa autora, está envolto em relações ambivalentes de poder relacionadas ao controle e à resistência, associando-se às práticas discriminatórias, local em que as diferenças são produzidas. Nesse sentido, corroborando o pensamento de Macedo, consideramos que o currículo é um lugar em que as culturas convivem com a diferença.

Partilhamos da ideia de Neto (2002) segundo a qual o currículo se situa na intersecção entre a escola e a cultura; representa uma parcela da cultura selecionada – por sua relevância em determinada época –, que é trazida para a educação escolar, ou seja, o currículo, para nós, faz parte da tradição seletiva.

> (...) um currículo guarda estreita correspondência com a cultura na qual ele se organizou, de modo que, ao analisarmos um determinado currículo, poderemos inferir não só os conteúdos que, explícita ou implicitamente, são vistos como importantes naquela cultura, como, também, de que maneira aquela cultura prioriza alguns conteúdos em detrimento de outros, isto é, podemos inferir quais foram os critérios de escolha que guiaram os professores, administradores, curriculistas etc. que montaram aquele currículo. (Neto 2002, p. 44)

Concordamos com Silva (2000) quando afirma que o currículo é visto como um artefato cultural, na medida em que, em termos institucionais, trata-se de uma invenção social, uma prática discursiva conectada à produção de identidades culturais e sociais; e, em termos de conteúdo, o currículo se trata de uma construção social pelo fato de o conhecimento ser um produto criado e interpretado socialmente, uma epistemologia social, conforme enunciado por Popkewitz.

Em consonância com Silva, defendemos que o currículo e o conhecimento escolar são práticas culturais em que a sujeição e a resistência estão frequentemente presentes, e distintos grupos sociais lutam por sua hegemonia.

> Como toda a construção social, o currículo não pode ser compreendido sem uma análise das relações de poder que fizeram e fazem com que tenhamos esta definição determinada de currículo e não outra, que fizeram e fazem com que o currículo inclua um tipo determinado de conhecimento e não outro. (Silva 2000, p. 140)

Ao posicionarmos o currículo na perspectiva que situa a cultura como uma dimensão central para discutir, interpretar, analisar e conjecturar as questões educacionais, concordamos com o pensamento de Silva de que as diversas formas de conhecimento são, de certa maneira, valoradas igualmente.

> Assim como não há uma separação estrita entre, de um lado, Ciências Naturais e, de outro, Ciências Sociais e Artes, também não há uma separação rígida entre o conhecimento tradicionalmente considerado como escolar e o conhecimento cotidiano das pessoas envolvidas no currículo. (...) ambos buscam influenciar e modificar as pessoas, estão ambos envolvidos em complexas relações de poder (...) estão envolvidos em uma economia do afeto que busca produzir certo tipo de subjetividade e identidade social. (*Ibidem*, p. 142)

Olhar o currículo escolar na perspectiva que adota a centralidade da cultura, para nós, pode ser o caminho para conseguir montar o quebra-cabeça dos saberes que devem ser privilegiados na educação escolarizada, quais sejam, os saberes produzidos pelas culturas do opressor e do oprimido, isto é, os saberes hibridizados.

Objetivamente, a diminuição da fronteira entre os conhecimentos escolares e os cotidianos significa que "todo conhecimento, na medida em que se constitui num sistema de significação, é cultural, (...) está estreitamente vinculado com as relações de poder" (Silva 2000, p. 144).

Os saberes escolares são uma forma legítima de criação de significados, de enunciados, "não estão soltos no mundo, e sim, mais ou menos ligados por outros enunciados, numa série discursiva que institui um regime de verdade fora do qual nada tem sentido" (Neto, *apud* Gabriel 2010, pp. 239-240).

Na medida em que o saber, seja ele escolar ou não, mantém relação estreita com o significado, ele é uma prática discursiva, logo, cultural. Sendo assim, adotamos a definição de Foucault sobre saber, qual seja, "o conjunto de elementos, formados de maneira regular por uma prática discursiva e indispensável à constituição de uma ciência, apesar de não se destinar necessariamente a lhe dar lugar" (Foucault 2007, p. 204).

Para o filósofo francês, um saber é uma prática discursiva caracterizada por um

(...) domínio constituído pelos diferentes objetos que irão ou não adquirir um *status* científico; (...) espaço em que o sujeito pode tomar posição para falar dos objetos de que se ocupa em seu discurso; (...) campo de coordenação e de subordinação dos enunciados em que os conceitos aparecem, se definem, se aplicam e se transformam; (...) finalmente, um saber se define por possibilidades de utilização e de apropriação oferecidas pelo discurso. (*Ibidem*)

Conforme nos indica Foucault, o saber não é encontrado somente nas demonstrações, nas provas e nos teoremas, mas também em ficções, reflexões, narrativas, regulamentos institucionais e decisões políticas. Para esse autor, não há coincidência entre a prática discursiva e a elaboração científica, na medida em que

(...) o saber que ela [a prática discursiva] forma não é nem o esboço enrugado, nem o subproduto cotidiano de uma ciência constituída. As ciências – pouco importa, no momento, a diferença entre os discursos que têm presunção ou *status* de cientificidade e os que apresentam realmente seus critérios formais – aparecem no elemento de uma formação discursiva, tendo o saber como fundo. (*Ibidem*, p. 206)

O saber, para Foucault, é o campo próprio de investigação, não havendo, por isso, uma distinção epistemológica entre ciência e pré-ciência.

O objetivo da análise [genealógica] é estabelecer relações entre os saberes – cada um considerado como possuindo positividade específica, a positividade do que foi efetivamente dito e deve ser aceito como tal e não julgado a partir de um saber posterior e superior – para que destas relações surjam, em uma mesma época ou em épocas diferentes, compatibilidades e incompatibilidades que não sancionam ou invalidam, mas estabelecem regularidades, permitam individualizar formações discursivas. (Machado 1979, p. vii)

A genealogia proposta por Foucault tem como ponto de partida a análise dos porquês dos saberes, que pretendia "explicar sua existência e suas transformações situando-o como peça de relações de poder ou incluindo-o em um dispositivo político" (Machado 1979, p. x).

Segundo Machado, Foucault introduz nas análises históricas a questão do poder como um instrumento analítico que tem a capacidade de explicar a produção dos saberes.

> O poder não é um objeto natural, uma coisa; é uma prática social e, como tal, constituída historicamente. (...) Poder este que intervém materialmente, atingindo a realidade mais concreta dos indivíduos – o seu corpo – e que se situa ao nível do próprio corpo social, e não acima dele, penetrando na vida cotidiana e por isso podendo ser caracterizado como micropoder ou subpoder. (*Ibidem*, pp. x e xii)

A essência dessa análise está no fato de que o saber e o poder se implicam mutuamente; de acordo com o autor, não há relação de poder sem a fabricação de saberes, e todo saber produz novas relações de poder.

> Todo ponto de exercício do poder é, ao mesmo tempo, um lugar de formação de saber. (...) E, em contrapartida, todo saber assegura o exercício do poder. (...) O saber funciona na sociedade dotado de poder. É enquanto é saber que tem poder. (*Ibidem*, p. xxii)

O conhecimento, seja ele científico ou não, segundo Machado, tem sua existência condicionada ao poder, à fabricação de sujeitos e de domínio de saber.

> A investigação do saber não deve remeter a um sujeito do conhecimento que seria sua origem, mas a relações de poder que lhe constituem. Não há saber neutro. Todo saber é político. E isso não porque cai nas malhas do Estado, é apropriado por ele, que dele se serve como instrumento de dominação, descaracterizando seu núcleo essencial. Mas porque todo saber tem sua gênese em relações de poder. (*Ibidem*, p. xxi)

Acreditamos que a relação dialética entre saber e poder ajuda a mensurar e a compreender a dimensão, se não exata, ao menos muito próxima do valor e da importância do conhecimento, seja ele científico ou de outra natureza, na configuração da sociedade contemporânea – uma sociedade tecnológica e informacional, em que o capital cultural, por intermédio do imaterial, transforma cada vez mais as relações trabalhistas, econômicas, políticas, sociais e culturais.

Desse modo, tomando a premissa de que o saber é político e isento de neutralidade, na sequência do nosso estudo pretendemos colocar em cena o saber (ou conhecimento) matemático que, ao longo do século XX, independentemente da teoria curricular em voga, sempre ocupou posição de destaque nas discussões educacionais. Aceitamos o fato de que o conhecimento matemático, por sua estreita relação com as ciências exatas e biológicas, sempre foi visto por aqueles que detêm o poder como um conhecimento poderoso, útil para o desenvolvimento tecnológico de uma sociedade; em tempos em que não existem colônias a ser conquistadas, a possibilidade de manter sob seu domínio países ainda em desenvolvimento seria, assim, por meio da dependência tecnológica. Não é somente por esse motivo que o conhecimento matemático é legitimado pelos governantes, mas também por ser "um conhecimento discreto, isolado, independente (...) que se pode tanto ensinar quanto, o que é fundamental, testar" (Apple 2006, p. 70).

Contudo, tomando como referência tanto o fato de que o conhecimento e o saber são práticas discursivas, logo, culturais, quanto a epistemologia social de Popkewitz, em que o conhecimento se entrelaça com o mundo institucional para produzir relações de poder, consideramos que esse mesmo conhecimento que serve ao ideal dominante, se hibridizado, produz contrapoderes e resistência.

No próximo capítulo, trataremos de estudos e temáticas de investigação pertinentes à educação matemática que nos auxiliarão nas discussões envolvendo não só formas enriquecedoras de trabalhar a matemática em sala de aula, mas também formas viáveis e eficazes de produzir conhecimento matemático que sirva mais para incluir do que para excluir.

3
O LUGAR DA EDUCAÇÃO MATEMÁTICA

O cenário do ensino de matemática e o debate sobre o currículo de matemática

O debate sobre o currículo de matemática, atualmente, não tem muito espaço nos congressos realizados no Brasil, o que evidencia a baixa produção de estudos no campo da educação matemática, corroborando a análise feita por M.A. Silva em 2009, no Banco de Teses da Coordenação de Aperfeiçoamento de Pessoal de Nível Superior (Capes), em que foram encontradas oito dissertações de mestrado[1] e

---

1. Segundo Silva (2009), as dissertações de mestrado são: "Organização e sequência de conteúdos para o ensino de matemática no segundo grau: Uma proposta de currículo", defendida por Drechsel em 1987; "Trama ideológica do currículo: A visão do professor de matemática", de Mignoni, 1994; "Matemática no ensino médio: Prescrições das propostas curriculares e concepções dos professores", de Godoy, 2002; "A seleção dos conteúdos escolares: Da prescrição à ação docente", de Sena, 2002; "Implementação de inovações curriculares no ensino médio e formação

três teses de doutorado,[2] envolvendo discussões acerca do currículo de matemática no ensino médio. Com a defesa de doutorado de Silva, em 2009, totalizam-se quatro teses. Além da tese de doutorado de Silva e dos trabalhos analisados por ele, destacam-se no cenário nacional os trabalhos de Miorim (1998), Valente (1999), Beltrame (2000), Dassie (2001), Rocha (2001), Miguel e Miorim (2004); entre outros, relacionados à história da matemática escolar e à história da educação matemática.

No cenário internacional, destacam-se os trabalhos de Howson, Keitel e Kilpatrick, de 1981, sobre o desenvolvimento do currículo de matemática, e de Rico, de 1997, a respeito das bases teóricas do currículo de matemática na educação secundária. Cabe salientar, também no cenário internacional, relatórios como "Mathematics Counts", de 1982, conhecido como "Relatório Cockcroft", e "A nation at Risck – The Imperatives for Educational Reform", de 1983, e trabalhos como o documento "School Mathematics in the 1990's", elaborado por Howson e Kahane – que, conforme indicado por Rico (1997), serviu como referência básica para um encontro internacional sobre o currículo de matemática escolar realizado pela Internation Commission on Mathematical Instruction –, bem como os livros *Perspectives on mathematics education*, de 1985, publicado pelo grupo de especialistas Bapmet – que, também segundo Rico (1997), é um documento organizado em torno de uma orientação curricular apreciável –, e *The secondary school mathematics*, de 1985, editado pelo National Council of Teachers of Mathematics (NCTM), que apresenta um modelo de documento para apoiar a inovação curricular elaborada pela sociedade de professores de matemática.

---

continuada de professores: As lições de uma experiência", de Cerqueira, 2003; "O ensino da matemática no contexto dos Parâmetros Curriculares Nacionais do Ensino Médio", de Pasquini, 2003; "Os sentidos da autonomia docente no desenvolvimento curricular", de Angelo, 2006; e "O currículo de matemática no ensino médio e as prescrições da LDB 9.394/96", de Costa, 2006.

2. Segundo Silva (2009), as teses de doutorado são: "Currículos de matemática: Da organização linear à ideia de rede", de Pires, 1995; "Grafos no ensino fundamental e médio: Matemática, interdisciplinaridade e realidade", de Bria, 2001; e "Currículos de matemática: Do programa ao projeto", de Oliveira, 2005.

Os estudos e as investigações que envolvem o currículo da matemática escolar "revelam que o processo de organização e desenvolvimento curricular evidencia uma busca contínua de formas mais interessantes de trabalhar a Matemática em sala de aula" (Pires 2008, p. 14). Consideramos ainda que os estudos e as investigações citados privilegiam sobremaneira os currículos prescritivos organizados ao longo do século XX, no Brasil, ora pela via histórica, ora pela via comparativa com documentos curriculares de outros países e/ou documentos nacionais de outras épocas.

Encontramos, nas palavras de Pires, uma possibilidade de investigação mais teórica a respeito do currículo de matemática da educação básica. Uma proposta que privilegie menos os currículos prescritos e praticados e mais os princípios e as dimensões que norteiam a organização do currículo de matemática escolar; que favoreça as emergências discursivas que são possíveis por meio da articulação entre o saber escolar matemático, a cultura e algumas ideias do campo do currículo, como poder, resistência e política.

Nesse sentido, as discussões feitas nos capítulos anteriores nos serão importantes para o estudo do lugar da matemática, como saber e disciplina escolar, no âmbito de uma abordagem que tem a cultura como central no debate envolvendo os saberes e as disciplinas escolares, as relações de poder, resistência e política. Essa análise será subsidiada por estudos no campo da educação matemática associados à temática de investigação "Contexto sociocultural e político do ensino-aprendizagem da matemática" e por uma revisão histórica do processo de organização e desenvolvimento curricular da matemática escolar no Brasil, ao longo do século XX, focalizando, particularmente, o papel da matemática em diferentes épocas, níveis escolares e documentos curriculares.

Fins da educação matemática

Para Rico (1997), o debate sobre os fins da educação matemática, em geral, é uma questão crucial para o currículo de matemática no sistema educativo, em especial para o período de educação obrigatória.

As questões que se desenvolvem não são triviais e afetam um nível de reflexão geral. As dimensões afetadas, quando se trata dos fins da educação matemática, são culturais, políticas, educativas e sociais.

As questões envolvendo os fins e as metas da educação matemática não são recentes. De fato, um ou outro aspecto é permanentemente encontrado na maioria dos documentos curriculares conhecidos, sejam estes convencionais ou inovadores.

A contribuição da matemática para os fins gerais da educação, normalmente, é sempre considerada positiva e altamente benéfica; por isso, há a constante preocupação dos especialistas em descobrir tais finalidades, de modo que o currículo de matemática seja um instrumento adequado para sua consecução.

Krulik (*apud* Rico 2004) propõe quatro metas para a educação matemática, relacionando-as com as metas gerais da educação e as necessidades da sociedade, quais sejam: determinar, para cada indivíduo, a competência matemática que lhe cabe; preparar cada indivíduo para a vida adulta, reconhecendo que alguns alunos requerem mais instrução matemática que outros; estimular o reconhecimento fundamental da utilidade da matemática em nossa sociedade; desenvolver habilidade para usar modelos matemáticos com vistas à resolução de problemas.

Já Howson e Kahane (*apud* Rico 2004) consideram quatro aspectos mediante os quais a matemática contribui para os fins gerais da educação, quais sejam: o desenvolvimento da capacidade de raciocinar; seu caráter exemplar de certeza; o prazer estético que proporciona; sua função de instrumento auxiliar para outras disciplinas.

Os estudos de Krulik, Howson e Kahane propõem ideias diferentes. De fato, se forem incorporados novos documentos, aparecerão novos e distintos enunciados sobre os fins da educação matemática. Para Rico (2004), as diferenças relativas aos fins entre os currículos podem ser maiores do que as coincidências, e, para que sejam compreendidas de uma melhor forma as convergências e as divergências quanto aos fins da educação matemática, é preciso recorrer a outra questão: "Por que ensinar matemática?". A questão não é trivial e de igual interesse para os pais, os professores, os diretores, os secretários de educação e os políticos que devem tomar as decisões sobre o destino dos recursos dedicados à educação.

Essa questão estabelece a chave de muitos problemas que afetam diretamente a tarefa realizada por diversas pessoas no mundo, que organizam e dirigem a formação e a educação de milhares de crianças e jovens. Encontrar respostas simples e diretas não é uma tarefa fácil, visto que as possibilidades são variadas, podendo ser muito diferentes e também contrapostas.

Rico considera que são poucos os especialistas que têm justificado adequadamente a inclusão da matemática no currículo escolar, e, com frequência, as justificativas específicas são superficiais, revelam as disparidades entre os fundamentos e as práticas e não refletem as relações entre os procedimentos matemáticos formais e suas raízes socioculturais. O problema não se desenvolve em termos de desenhar um currículo isento de contradições em seu enunciado e em sua organização, mas consiste em planificar e levar adiante, coordenadamente, a superação dessas contradições. Não basta uma lista de enunciados sobre os valores e a utilidade da matemática que não venha acompanhada de uma planificação adequada que indique o que fazer, como fazer, quando realizar etc.

O referido autor afirma que não é surpreendente que exista disparidade entre os fundamentos apresentados e as práticas reais. As disparidades são inevitáveis quando as declarações de intenções (objetivos) não são mais que pura retórica, sem explicitar e considerar os pressupostos pedagógicos que devem relacionar os fundamentos com as práticas.

Dimensões norteadoras do currículo de matemática

Nos últimos 30 anos, os trabalhos teóricos sobre o currículo de matemática têm seu foco voltado para a busca de componentes ou dimensões que permitem estruturar o sistema curricular. Para Rico (1997), dependendo do nível de reflexão desejado, diferentes componentes têm aparecido e podem ser encontradas nos trabalhos de Howson (1979), Steiner (1980), Howson, Keitel e Kilpatrick (1981), Rico (1990a e b), Romberg (1992) e Bishop (1999). Além da busca por componentes que estruturam o sistema curricular, os trabalhos teóricos também têm se preocupado com a questão dos fins da educação matemática.

Rico (1997) considera que o currículo da educação básica é um plano de formação, que se propõe a dar respostas a questões como: O que é e em que consiste o conhecimento? O que é aprendizagem? O que é ensino? O que é e em que consiste o conhecimento útil?

Para Rico (1997), o currículo tem como intenção oferecer propostas concretas sobre modos de entender o conhecimento; interpretar a aprendizagem; colocar em prática o ensino; valorizar a utilidade e o domínio dos aprendizados realizados. Essas questões permitem estabelecer as dimensões – cultural, formativa ou cognitiva, política e social – que são prioritárias para organizar a reflexão curricular, porém não assinalam seu conteúdo explícito.

Com essas quatro categorias, é possível estruturar os fins da educação matemática e enunciar programas curriculares nacionais, estaduais etc., que privilegiem a identidade e respeitem as diferenças. Essas dimensões servem de base para estruturar a noção de currículo e permeiam os diferentes níveis de reflexão sobre o currículo – como plano de ação para o professor, como plano de formação para o sistema educativo, como objeto de estudo e como responsável por atender aos fins gerais da educação –, porém não se esgotam, oferecendo apenas um panorama parcial. Os pontos de vista possíveis sobre o currículo admitem uma maior riqueza de interpretações que sustentam outros estudos e reflexões sobre o conceito de currículo.

Com base nas considerações feitas por Rico a respeito das categorias que estabelece para estruturar os fins da educação matemática e enunciar programas de inovação curricular, na sequência faremos um panorama do ensino de matemática no Brasil, desde a inauguração do Colégio Pedro II, no final do século XIX, no Rio de Janeiro, que serviu de modelo para as escolas de nível médio no Brasil, até a década de 1930, quando da criação do Ministério da Educação e Saúde. Nesse panorama traremos aspectos relacionados ao processo de organização curricular da matemática escolar.

Para auxiliar na construção desse panorama, utilizamos como referência o trabalho de dissertação de mestrado de Godoy (2002), sob a orientação de Pires.

Panorama da matemática escolar no Brasil, desde as primeiras décadas do século XX

O ensino secundário no Brasil e o Colégio Pedro II, criado em 1837, possuem estreita relação, pois o colégio serviu de modelo para as demais escolas no Brasil, até 1930, quando da criação do Ministério da Educação e Saúde. Particularmente, o Colégio Pedro II teve grande importância na organização e na elaboração dos currículos da matemática escolar no Brasil.

O ensino de matemática de 1838 até o final do Império, em 1889, incluía o estudo da aritmética, da álgebra, da geometria e da trigonometria, as quais eram trabalhadas de forma isolada, sem a preocupação em mostrar a relação entre elas, como ramos ou áreas da matemática. A matemática no período compreendido entre 1837 e 1932 não foi ensinada em todos os anos de escolaridade. Até 1856, o ensino da matemática se desenvolveu apenas nos últimos anos do curso secundário. A partir dessa data, ele passou a ser oferecido nos primeiros anos do curso secundário.

No período imperial, foram poucas as mudanças nos conteúdos do ensino secundário, porém, no período republicano, tivemos alterações significativas, dentre as quais se destaca a ocorrida em 1929, proposta pela Congregação do Colégio Pedro II e homologada pelo decreto n. 18.564, que instituiu a matemática como disciplina. Até então, ela não existia dessa forma, mas apenas de maneira compartimentada em quatro campos específicos: aritmética, álgebra, geometria e trigonometria.

Com a Reforma Francisco Campos, a matemática passou a integrar o currículo de todas as séries do curso secundário; nos cursos complementares, porém, aparecia na primeira série para os candidatos aos cursos de medicina, odontologia e farmácia e na primeira e na segunda séries para os candidatos aos cursos de engenharia e arquitetura. Com a Reforma Gustavo Capanema, a matemática foi contemplada nas quatro séries do curso ginasial e nas três séries dos cursos clássico e científico.

> Na segunda metade do século XX, três períodos marcantes podem ser identificados: o primeiro, caracterizado pela influência do Movimento Matemática Moderna (de 1965 a 1980); o segundo, caracterizado por reformas que buscavam se contrapor ao ideário do Movimento Matemática Moderna (de 1980 a 1994) e lideradas por Secretarias Estaduais e Municipais de Ensino; o terceiro, organizado em nível nacional e consubstanciado num documento divulgado ao conjunto das escolas brasileiras, denominado Parâmetros Curriculares Nacionais (a partir de 1995). (Pires 2008, p. 16)

Conforme citado por Pires, a segunda metade do século XX foi marcada por importantes discussões relacionadas ao ensino da matemática escolar, discussões essas ocorridas durante e após o Movimento da Matemática Moderna (MMM). A seguir, discutiremos esse movimento e suas influências, os documentos curriculares oficiais produzidos nas décadas de 1980 e 1990, motivados pelo fracasso do MMM, e relatórios e documentos internacionais, como o "Relatório Cockcroft", de 1982, e o documento "An agenda for action: Recomendations for School Mathematics of 1980s".

O Movimento da Matemática Moderna e suas influências

Na década de 1960, ocorreram mudanças significativas no ensino de matemática, pela chegada ao Brasil das orientações do movimento internacional conhecido como *Matemática Moderna*. O Movimento da Matemática Moderna (MMM), em sua origem, tinha como finalidade modernizar o ensino dessa área do conhecimento, adequando-a às necessidades de expansão industrial que orientavam a reconstrução no pós-guerra e atendendo às exigências de uma sociedade em acelerado avanço tecnológico.

Além disso, desde o início do MMM, houve a preocupação política de países do Ocidente com relação ao ensino de matemática, particularmente dos Estados Unidos, que temiam perder sua hegemonia, tendo em vista seu suposto atraso tecnológico em relação à antiga União Soviética, cujo indicador mais forte foi o lançamento do primeiro satélite artificial soviético, em 1957.

O desenvolvimento científico e seu rápido impacto na vida do homem comum foram de tal magnitude, que o cientista passou a exercer a liderança em numerosos setores da vida administrativa. Assumiu, assim, como lhe competia, o papel de interpretar o impacto do desenvolvimento científico na sociedade e seu efeito no planejamento da educação da juventude. Dada sua grande importância para o desenvolvimento econômico, social e tecnológico dos países, o ensino de ciências e de matemática passou a ser um dos principais problemas tratados pelos administradores.

Foi assim que, no final da década de 1950, a Organização Europeia de Cooperação Econômica (Oece) criou um departamento com o objetivo de tornar mais eficaz o ensino de ciências e matemática. Em 1959, a Oece promoveu o Colóquio de Royaumont, tendo em vista a reformulação dos currículos em vigor. Segundo Pires (2000), após esse encontro, foi elaborado o "Programa Moderno da Matemática para o Ensino Secundário", publicado em 1961 com o título *Mathématiques nouvelles*, coordenado por Marshall H. Stone e com a participação de vários especialistas.

Segundo Pietropaolo (1999), para compreender melhor a necessidade dessa modificação nos currículos, é indispensável ter em mente que, nas primeiras décadas do século XX, os esforços dos matemáticos se concentravam na busca por um enfoque unificador da matemática. Da mesma forma, os líderes do MMM procuraram, em síntese, buscar na própria matemática os princípios que poderiam dar coerência à matemática escolar, aproximando essa matemática daquela praticada e produzida nas universidades.

Como os líderes do MMM eram matemáticos de renome mundial, isso deve ter concorrido, sem dúvida alguma, para que o movimento se tornasse um dos principais marcos das reformas realizadas nos últimos 40 anos, no âmbito desse campo do conhecimento, provocando alterações curriculares em países com sistemas educativos tão diversos, como Estados Unidos, Inglaterra, França, Bélgica, Brasil, a ex-União Soviética, Nigéria etc.

A abordagem clássica dada aos conteúdos escolares não satisfazia mais as condições e as exigências criadas pelo mundo moderno. Destacava-se a necessidade de introduzir uma linguagem mais moderna aos assuntos considerados fundamentais em matemática, a fim de que se pudessem "transmitir" aos alunos daquela época os verdadeiros aspectos da ciência atual.

Em relação ao que se deveria ensinar em matemática, a psicologia do jovem, as observações modernas de ordem pedagógica e a própria natureza da ciência a se ensinar deveriam ser levadas em consideração. Não bastava a criança adquirir rudimentos de leitura, escrita, cálculo e desenho; era essencial que, por intermédio da leitura, da escrita, do cálculo e do desenho, ela pudesse compreender o mundo em que vivia.

O MMM tinha como um de seus propósitos modernizar a linguagem dos assuntos considerados imprescindíveis na formação do jovem estudante, usando os conceitos de conjunto e de estruturas.

O IV Congresso Brasileiro do Ensino da Matemática, realizado em julho de 1962, em Belém do Pará, tratou pela primeira vez do problema da introdução da Matemática Moderna no ensino secundário. A coordenação e a divulgação da introdução da Matemática Moderna na escola secundária foram realizadas pelo Grupo de Estudos do Ensino da Matemática (Geem), em parceria com a Secretaria da Educação do Estado de São Paulo. O Geem foi fundado em outubro de 1961, e seu grupo de trabalho era formado por professores universitários e secundários de matemática, por psicólogos e por pedagogos.

O MMM, no tocante ao Brasil, mobilizou sobremaneira a comunidade de professores e pesquisadores do ensino da matemática e deu início a uma nova etapa no processo de organização curricular da matemática escolar e na produção de materiais destinados aos professores.

Um dos materiais elaborados que serviram de modelo para a publicação de livros didáticos foi editado em 1967 pela Fundação Brasileira para o Desenvolvimento do Ensino de Ciências (Funbec). Tal publicação foi traduzida originalmente dos textos organizados pelo School Mathematics Study Group (SMSG), da série Mathematics for High School, publicados em inglês pela Yale University Press, New Haven, EUA, em 1961. A obra, traduzida e adaptada por Lafayette de Moraes e Lydia Condé Lamparelli, foi editada em quatro volumes, sendo o volume III dividido em duas partes. Em cada um dos volumes, apareciam dois prefácios: o prefácio da edição norte-americana, que não se preocupava em justificar os conteúdos apresentados, mas esclarecer os porquês da construção da obra, e o prefácio da edição brasileira, que se preocupava mais em discutir os conteúdos propostos em cada um dos volumes.

Na visão de Pires (2000), os debates travados em torno do MMM – as discussões motivadas por concepções e distorções ficavam cada vez mais evidentes – impulsionaram secretarias estaduais e municipais de Educação a elaborar novas propostas curriculares para o ensino de matemática.

A virada curricular dos anos 1980

Em sua avaliação crítica do processo de ensino e aprendizagem da matemática escolar, Santos (2008) considera o Movimento da Matemática Moderna "a virada curricular dos anos 80". O autor afirma que no MMM há uma ruptura com o ideário (concepção de ensino e aprendizagem de matemática) que dava suporte ao ensino de matemática e seu currículo:

A importância de se tomar esse movimento deve-se ao fato de que a partir daí constitui-se um campo de ideias concernentes aos currículos e ao ensino de Matemática que, em cada país, dará suporte a um ensino que observará, desde então, características culturais e condições locais e que é destinado a estudantes particulares, portanto, é situado. As dimensões desse ensino, que porventura sejam de natureza global, assim como as ações que delas decorrerão, são identificadas com base em variáveis que não sejam exclusivamente a Matemática. A despeito de mudanças ocorridas no ensino de Matemática não se identificam, de lá para cá, rupturas, com esse campo de ideias. (Santos 2008, p. 2)

Para Santos, dois documentos serviram de referência para as discussões curriculares relacionadas ao ensino de matemática; um deles, intitulado "An agenda for action: Recomendations for School Mathematics of 1980s", foi produzido pelo National Council of Teachers of Mathematics (NCTM) e apresentou oito recomendações destinadas a reestruturar a organização curricular da matemática escolar básica.

(...) tais orientações tinham a finalidade de atender melhor às necessidades matemáticas de uma população diversificada de estudantes em uma sociedade marcada progressivamente pela presença de tecnologias. As recomendações foram: a resolução de problemas como foco; as destrezas básicas deveriam ir além do cálculo; obter vantagens do uso de calculadoras e computadores; aplicar *Standards* rigorosos de eficácia e rendimento; avaliar o êxito dos programas de Matemática; desenvolver currículo flexível para promover o acesso com grande variedade de opções; ajuda pública para o ensino de matemática para se alcançar níveis compatíveis com a importância da compreensão matemática. (*Ibidem* 2008, p. 4)

Segundo os Parâmetros Curriculares Nacionais do Ensino Fundamental (PCNEFs) de 1998, esses documentos influenciaram e interferiram nas reformas curriculares, em praticamente todo o mundo, no período compreendido entre 1980 e 1995. As propostas resultantes dessas reformas apresentam pontos consonantes, dentre os quais destacamos

> • o direcionamento do Ensino Fundamental para a aquisição de competências básicas necessárias ao cidadão e não apenas voltadas para a preparação de estudos posteriores; • a importância do desempenho de um papel ativo do aluno na construção do seu conhecimento; • a ênfase na resolução de problemas, na exploração da Matemática a partir dos problemas vividos no cotidiano e encontrados nas várias disciplinas. (Brasil 1998a, p. 20)

Foi com base na reflexão sobre os problemas detectados no ensino dessa disciplina, sobre o papel da matemática no currículo, sobre a análise crítica dos Guias Curriculares de 1976, que, em 1985, iniciou-se na rede estadual de São Paulo o processo de elaboração das Propostas Curriculares para o ensino de 1º e 2º graus.

Década de 1980: Propostas curriculares de matemática no ensino fundamental

O documento produzido pela Fundação Carlos Chagas em 1995, sob a coordenação da professora Elba Siqueira de Sá Barretto, que teve como representante da matemática, na equipe central, o professor João Bosco Pitombeira F. de Carvalho, oferece um panorama das propostas curriculares de matemática para o ensino fundamental, elaboradas desde a década 1980, nos estados e em alguns municípios das capitais brasileiras. Segundo Barretto (1995), a escolha de alguns municípios das capitais brasileiras – Belo Horizonte, Rio de Janeiro e São Paulo – foi motivada pelo caráter inovador de suas propostas. Esse documento teve como intenção subsidiar a elaboração dos Parâmetros Curriculares Nacionais.

Por se tratar de um documento oficial, quando nos referirmos a ele, nós o faremos por meio da sigla PCM (Proposta Curricular de Matemática).

Logo na introdução, a PCM apresenta o papel da matemática na sociedade e como esse papel deveria ser no ensino fundamental, tomando como referência os objetivos propostos pelo NCTM, indicados anteriormente por nós, considerando que "o ensino de matemática tem de libertar-se de seu caráter propedêutico e assumir a tarefa de preparar cidadãos para uma sociedade cada vez mais permeada pela ciência e pela tecnologia" (Barretto 1995, p. 46). Partindo dessa ideia, os objetivos do ensino da matemática, no nível fundamental, deveriam capacitar o aluno para:

> (...) planejar ações e projetar as soluções para problemas novos, que exigem iniciativa e criatividade; compreender e transmitir ideias matemáticas, por escrito ou oralmente; usar independentemente o raciocínio matemático, para a compreensão do mundo que nos cerca; aplicar matemática nas situações do dia-a-dia; avaliar se resultados obtidos na solução de situações-problema são ou não são razoáveis; fazer estimativas mentais de resultados ou cálculos aproximados; saber aplicar as técnicas básicas do cálculo aritmético; saber empregar o pensamento algébrico, incluindo o uso de gráficos, tabelas, fórmulas e equações; saber utilizar os conceitos fundamentais de medidas em situações concretas; conhecer as propriedades das figuras geométricas planas e sólidas, relacionando-as com os objetos de uso comum, no dia-a-dia ou no trabalho; utilizar a noção de probabilidade para fazer previsões de eventos ou acontecimentos; integrar os conhecimentos algébricos, aritméticos e geométricos para resolver problemas, passando de um desses quadros para outro, a fim de enriquecer a interpretação do problema, encarando-o sob vários pontos de vista; tratar a matemática como um todo orgânico, em vez de dividi-la em compartimentos estanques. (*Ibidem*)

Tendo esses objetivos como norteadores da análise das propostas curriculares oficiais da matemática, o relatório foi organizado em nove tópicos, não excludentes, quais sejam: "Os conteúdos curriculares"; "Erros de conteúdo e conceituais"; "Metodologia, ordenação e distribuição dos conteúdos"; "Problemas didático-pedagógicos"; "Problemas com as bibliografias"; "Apresentações e orientações metodológicas"; "Avaliação"; "Conceitos, procedimentos e atitudes"; "Integração".

Em linhas gerais, no tópico "Os conteúdos curriculares", o documento afirma que há grande homogeneidade do "corpo" da matemática escolar ensinada nos diferentes estados brasileiros, verificando-se, porém, algumas divisões, que foram assim descritas:

Em primeiro lugar, os currículos dividem-se em duas grandes famílias: os que ainda estão impregnados pela teoria dos conjuntos, e os que a eliminaram ou a reduziram ao mínimo. Entre os currículos deste último grupo temos, por exemplo, a proposta do Estado de São Paulo. No outro grupo, um caso extremo é a proposta do Estado do Amazonas, que se caracteriza por um tratamento dado à teoria dos conjuntos típico da matemática moderna. (*Ibidem*, p. 47)

Em relação ao tópico "Erros de conteúdo e conceituais", "algumas propostas contêm erros claros de conteúdo ou conceituais, embora eles sejam localizados, e não invalidem nenhuma proposta como um todo" (Barretto 1995, p. 49). No tópico "Metodologia, ordenação e distribuição dos conteúdos", conforme o PCM 1995, todas as propostas incluem o trabalho com os números, as medidas e a geometria. Contudo, o documento indica que a proposta curricular do município da cidade do Rio de Janeiro difere das demais em estrutura, pois

(...) apresenta os conteúdos dispostos em uma matriz 2x2, cujas entradas verticais (os princípios educativos) correspondem a meio ambiente, trabalho, cultura e linguagens e cujas entradas horizontais (os núcleos conceituais) correspondem a identidade, espaço, tempo, transformação. Cada uma das áreas de conteúdo (...) tem seus tópicos distribuídos dentro desta matriz 2x2. A matriz funciona como um mecanismo integrador entre os vários domínios do saber. (*Ibidem*, p. 50)

Um ponto de destaque na proposta do município carioca é que ela explicita a ideia de que "a matemática é uma criação sociocultural, desenvolvida por um grupo social para atacar e resolver determinados problemas relevantes para o grupo" (*ibidem*, p. 51).

Ainda sobre esse tópico, o documento considera que "todas as propostas adotam, mais ou menos fielmente, o modelo de ensino 'em espiral', em que os tópicos são apresentados sucessivamente, ao longo das séries, com mais profundidade e detalhes" (*ibidem*, p. 52).

No tópico "Problemas didático-pedagógicos", todas as propostas se posicionam como construtivistas, uma vez que "propõem criar um ambiente em que os alunos 'construirão' os conceitos matemáticos" (*ibidem*, p. 53).

Além disso, algumas visam a preparar o aluno para uma vivência democrática em uma sociedade plural. No entanto, ao ler-se as orientações metodológicas, não se percebe uma preocupação real em alinhar a proposta com os objetivos pretendidos. Mais especificamente, há propostas extremamente convencionais que afirmam que "as atividades dos conteúdos neste programa deverão ser ministradas através de situação-problema" (...). (*Ibidem*)

No tópico "Problemas com as bibliografias", constata-se que os livros utilizados nas bibliografias das propostas curriculares são livros "que recentemente foram alvo de severas análises por uma comissão nomeada pelo Ministério da Educação para analisar os livros adquiridos pela FAE"[3] (*ibidem*, p. 55). Assim, as propostas "que se autodefinem como construtivistas, transformadoras, etc., não podem conviver com livros-texto que são exatamente o oposto do que a proposta prega" (*ibidem*, p. 54).

Um ponto de destaque para nós e que reflete um problema ocorrido, geralmente, quando documentos oficiais são produzidos é relatado na PCM: "Um problema sério com as bibliografias apresentadas nas propostas curriculares é que não se sabe se elas se destinam ao professor que usará a proposta ou se foram utilizadas pela equipe que elaborou a proposta" (*ibidem*).

No tópico "Apresentações e orientações metodológicas", o documento considera que elas são variadas em seu nível, sua coerência e seu alcance, sendo algumas mais cuidadosas, como a proposta do estado de São Paulo, e outras com uma visão ingênua, como a proposta do estado de Santa Catarina. Contudo, o documento indica que há perigos ao

---

3. FAE – Fundação de Assistência ao Estudante.

sugerir, por exemplo, uma abordagem metodológica para um determinado tópico: "Um dos perigos que elas acarretam é que quando se apresenta *uma* sugestão de tratamento de algum tópico, com indicação de exemplos de atividades e problemas, isso pode tornar-se *o* exemplo, *a* maneira de ensinar aquele tópico" (*ibidem*, p. 55; grifos do autor).

Dando prosseguimento, no tópico "Avaliação", segundo a análise, as propostas "não se detêm como deveriam em uma discussão sobre a avaliação em matemática, tema de muitos estudos e pesquisa entre os que se dedicam ao ensino de matemática" (*ibidem*).

O tópico "Conceitos, procedimentos e atitudes" é uma tríade de destaque nas discussões envolvendo o processo de ensino e aprendizagem na contemporaneidade e tem norteado a construção dos planos de aula das unidades didáticas de matemática de muitos professores da rede pública e privada de ensino, no nível fundamental. Na análise da PCM,

> (...) nenhuma das propostas explora convenientemente as relações entre estes três componentes básicos da aprendizagem da matemática. Afirmações genéricas e vagas como "todo conceito deve ser apresentado a partir de situações-problema" são por demais imprecisas para permitir um engajamento eficaz por parte do professor. Mais ainda, faltam às propostas clareza e fundamentação quanto ao papel representado por cada um desses componentes na aprendizagem. (*Ibidem*, p. 56)

No último tópico, "Integração", a Proposta Curricular de Matemática considera que há o mínimo de contato entre a aritmética, as medidas e a geometria, porém existem propostas, como a da capital carioca, que procuram romper com essa compartimentalização, frequentemente encontrada no ensino de matemática.

> As propostas não enfatizam a necessidade de se "mudar de quadro" ao atacar um problema, passando do quadro aritmético para o geométrico e vice-versa. Essa é uma maneira não só de integrar os conceitos e conteúdos da matemática da escola elementar, como também enriquecer as situações-problema estudadas; além disso, desenvolve a atitude de investigação e criatividade que se deve procurar inculcar nos estudantes. (*Ibidem*, p. 57)

Por fim, o documento considera que "as propostas dão sinais de que o currículo de Matemática no ensino fundamental começa a mudar, adequando-se às necessidades" (*ibidem*, p. 58) e aos objetivos indicados anteriormente.

Apesar dos indícios de que os currículos estão se adequando às demandas educacionais atuais, o documento indica que há um longo caminho a seguir, pois existe, dentre outras constatações,

> (...) falta de coerência entre o discurso psico-didático-pedagógico da proposta curricular e a proposta propriamente dita. Em particular, um choque direto entre a filosofia enunciada pela proposta e os livros de primeiro grau citados na bibliografia; grande ênfase em detalhamento de conteúdos, como se isso fosse suficiente para garantir uma boa aprendizagem; a citação de muitos trabalhos de educação matemática sem a assimilação real de suas ideias; a ênfase em algoritmos das operações, priorizando-os em relação aos conceitos. (*Ibidem*)

Década de 1980: Propostas curriculares de matemática no ensino médio

Uma análise do material elaborado na década de 1970 no âmbito do projeto Programa de Expansão e Melhoria do Ensino Médio (Premem) – MEC-Imecc-Unicamp, que teve como diretor o professor Ubiratan D'Ambrosio, mostra uma proposta para o ensino de funções baseada em situações cotidianas, ou seja, eram colocadas situações do dia a dia para que o aluno fosse estabelecendo as relações que propiciariam melhor compreensão do conceito de função. As propostas apresentadas não abandonavam as ferramentas matemáticas, mas utilizavam-nas no momento em que era necessário institucionalizar o conceito matemático.

Essas ideias foram sendo ampliadas e se concretizaram na Proposta Curricular do Estado de São Paulo, um documento importante para situar as indicações curriculares referentes ao ensino de matemática na década de 1980, que foi elaborado pela equipe técnica de matemática, da Coordenadoria de Estudos e Normas Pedagógicas (Cenp), em 1986.

Nesse documento, a inclusão da matemática nos currículos escolares era justificada por meio de duas vertentes básicas: ela é necessária em atividades práticas que envolvem aspectos quantitativos da realidade, como são as que lidam com grandezas, contagens, medidas, técnicas de cálculo etc.; ela desenvolve o raciocínio lógico, a capacidade de abstrair, generalizar, projetar, transcender o que é imediatamente sensível.

Portanto, a matemática tem uma dupla função: aplicações práticas e desenvolvimento do raciocínio. Esses dois aspectos são, de fato, componentes básicos indispensáveis na prefiguração de um currículo, não sendo, no entanto, qualquer um deles suficiente para caracterizar o papel a ser desempenhado pela matemática.

Para a compreensão da real função desempenhada pela matemática no currículo, as aplicações práticas e o desenvolvimento de raciocínio devem ser considerados elementos inseparáveis. Busca-se estabelecer uma continuidade entre a escola e a vida quanto à fundamentação das rupturas necessárias com o senso comum, no caminho para a construção de uma autonomia intelectual, autonomia esta que não é meta exclusiva da escola, tampouco do ensino de matemática.

Segundo o documento da Cenp (1994), a linguagem matemática utilizada na introdução dos conceitos deve aproximar-se, o máximo possível, da linguagem do aluno. Cada conceito precisa ser interiorizado pelos estudantes antes de qualquer tentativa de formalização. Uma linguagem matemática precisa é o fim de um processo de aprendizagem e não o início.

Como no ensino fundamental, no ensino médio o processo ensino-aprendizagem em matemática não pode prescindir do concreto, embora "concreto" não deva ser confundido com "manipulável". Há níveis de concreto, bem como níveis de abstração, e o limite entre os dois é difuso. O que é abstrato numa fase pode ser concreto na seguinte: um desenho ou um gráfico que apresenta, num momento da aprendizagem, um grau de abstração ao representar uma situação real, provavelmente, em outro momento, virá a ser concreto.

Na busca por concretizações, corre-se o risco de artificializar aplicações concretas, bem como de tentar partir constantemente do concreto manipulável. No entanto, é preferível que alguns conteúdos se justifiquem simplesmente como suporte para outros, do que buscar aplicações artificiais. Enquanto em geometria, por exemplo, é fundamental um trabalho inicial com objetos concretos, manipuláveis, para só posteriormente estabelecer relações métricas e geométricas entre seus elementos, em trigonometria, a concretização do ciclo trigonométrico, por meio de um objeto manipulável, seria um artificialismo.

Ao longo do ensino médio, as oportunidades devem ser aproveitadas para que seja efetuado um trabalho com expressões algébricas, resolução de equações, sistemas, no sentido de aperfeiçoar o raciocínio algébrico do aluno e a habilidade na resolução de problemas. Essa preocupação deve estar sempre presente no espírito do professor, quando do planejamento das atividades a serem propostas para seus alunos.

Destacamos como pontos relevantes do documento apresentado a participação efetiva do aluno na construção do seu conhecimento; a organização dos conteúdos das disciplinas escolares como veículos e instrumentos de trabalho significativos para o aluno e não como fins em si mesmos; o tratamento significativo dos conteúdos por meio da construção dos conceitos matemáticos e com base na realidade do aluno, nas suas aspirações e no seu estágio de desenvolvimento biológico, psicológico e intelectual; a organização do ensino de matemática buscando as concretizações (sem artificialismos), a passagem do imediatamente sensível para o abstrato, não se processando isoladamente dentro do currículo, uma vez que a maior parte dos problemas que os alunos são levados a resolver é de natureza interdisciplinar; a preocupação com o fato de que um conteúdo não precisa ser necessariamente exaurido num único período de tempo a ele destinado na programação, visto que sua retomada deve garantir o aprofundamento, a ampliação e o aperfeiçoamento das ideias nele contidas; a preocupação com o fato de que a aprendizagem em matemática deve conduzir a um processo de construção de uma linguagem e nunca apresentá-la, já de início, em sua forma final, acabada, sintética e formalizada.

De acordo com o documento da Cenp (1994, pp. 15-16),

> (...) os conteúdos escolhidos devem ser aqueles que melhor contribuam para a formação geral do adolescente, proporcionando oportunidades para o desenvolvimento da observação, descoberta de propriedades, para o estabelecimento de relações entre tais propriedades, para aquisição de uma linguagem, para fazer generalizações, para projetar.

O documento destaca ainda que

> (...) são conteúdos significativos ao aluno, também aqueles que realimentam a própria Matemática e os que favorecem a interdisciplinaridade. Enquanto a significância destes está vinculada à aquisição de uma desejável visão global dos problemas, a significância dos outros contribui para a continuidade de estudos. (*Ibidem*, p. 16)

No documento, são apresentadas sugestões de atividades para serem desenvolvidas com os alunos, sendo possível observar uma preocupação em trabalhar com situações contextualizadas, embora o eixo da organização curricular seja dado pelos conteúdos e objetivos.

Década de 1990 e os documentos curriculares nacionais

Década de 1990: Os Parâmetros Curriculares Nacionais do Ensino Fundamental

Segundo Pires, no período compreendido entre 1995 e 2002, o Ministério da Educação deu início ao processo de elaboração dos Parâmetros Curriculares Nacionais, nos diferentes níveis de ensino, fruto da promulgação da nova Lei de Diretrizes e Bases da Educação Nacional 9.394 de 1996 (LDB 9.394/96). Nesse processo, conforme a autora, dilemas antigos envolvendo as discussões curriculares nacionais vieram à tona, dentre os quais se destaca o caráter centralizador ou descentralizador das reformas educacionais.

> Essa descentralização, se, por um lado, tinha aspectos positivos, em termos da flexibilização curricular e da possibilidade de incluir

aspectos regionais, por outro lado, acarretava problemas bastante graves. (...) o reflexo das desigualdades regionais nos currículos ficava evidente: regiões mais desenvolvidas economicamente e socialmente (...) reuniam melhores condições de elaborar projetos curriculares contemporâneos. (...) Em contrapartida, as demais continuavam reproduzindo listas de conteúdos sem maior reflexão sobre a relevância destes e sem discutir questões referentes à sua abordagem. (Pires 2008, p. 25)

O processo de elaboração dos Parâmetros Curriculares Nacionais (PCNs) se deu a partir da formação de equipes que formularam "um texto preliminar que foi analisado e discutido por professores e especialistas, tanto nas secretarias de educação como nas universidades"[4] (*ibidem*, p. 26).

Conforme Pires, a tarefa da equipe foi marcada pelo embate de várias tensões e pela tentativa de responder a questões como estas:

Como construir referências nacionais de modo a enfrentar antigos problemas da educação brasileira e, ao mesmo tempo, enfrentar novos desafios colocados pela conjuntura mundial e pelas novas características da sociedade, como a urbanização crescente? O que significa indicar pontos comuns do processo educativo em todas as regiões, mas, ao mesmo tempo, respeitar as diversidades regionais, culturais e políticas existentes, no quadro de desigualdades da realidade brasileira? Que Matemática deve ser ensinada às crianças e aos jovens de hoje e com que finalidade? (*Ibidem*)

Segundo o documento introdutório dos Parâmetros Curriculares Nacionais de 5ª a 8ª séries de 1998, os PCNs para a área de matemática "constituem um referencial para a construção de uma prática que favoreça o acesso ao conhecimento matemático que possibilite de fato a inserção dos alunos como cidadãos, no mundo do trabalho, das relações sociais e da cultura" (Brasil 1998b, p. 59). Além disso:

---

4. Para uma maior compreensão desse processo, sugerimos a leitura de Pietropaolo (1999).

Os parâmetros destacam que a Matemática está presente na vida de todas as pessoas, em situações em que é preciso, por exemplo, quantificar, calcular, localizar um objeto no espaço, ler gráficos e mapas, fazer previsões (...) como criação humana, ao mostrar que ela tem sido desenvolvida para dar respostas às necessidades e preocupações de diferentes culturas, em diferentes momentos históricos (...). (*Ibidem*)

Conforme indicam os Parâmetros Curriculares Nacionais de Matemática para o Ensino Fundamental (PCNEFs) de 1998, o conhecimento matemático é uma ferramenta imprescindível para a construção da cidadania, e, nesse sentido, um currículo de matemática

(...) deve procurar contribuir, de um lado, para a valorização da pluralidade sociocultural, evitando o processo de submissão no confronto com outras culturas; de outro, criar condições para que o aluno transcenda um modo de vida restrito a um determinado espaço social e se torne ativo na transformação de seu ambiente. (Brasil 1998a, p. 28)

Para que isso ocorra, é importante, segundo o documento, que a matemática se apresente ao currículo equilibrada e indissociavelmente em relação ao seu papel, qual seja, a "formação de capacidades intelectuais, a estruturação do pensamento, (...) a aplicação de problemas, situações da vida cotidiana e atividades do mundo do trabalho e no apoio à construção de conhecimentos em outras áreas curriculares" (*ibidem*).

É nessa direção que os PCNEFs buscam, sem a banalização, estabelecer vínculos entre as disciplinas escolares, neste caso, a matemática, com os temas transversais, pois "é o tratamento dado aos conteúdos de todas as áreas que possibilita ao aluno a compreensão de tais questões, o que inclui a aprendizagem de conceitos, procedimentos e atitudes" (*ibidem*).

O desenvolvimento dos conhecimentos matemáticos em consonância com os temas transversais deverá ocorrer por meio da resolução de problemas, que, segundo os PCNEFs, é o eixo organizador do processo de ensino e aprendizagem de matemática. Os PCNEFs indicam cinco princípios que sustentam a resolução de problemas como eixo organizador, e, dentre eles, destacamos o primeiro, que trata do papel das situações-problema.

> (...) a situação-problema é o ponto de partida da atividade matemática e não a definição. No processo de ensino e aprendizagem, conceitos, ideias e métodos matemáticos devem ser abordados mediante a exploração de problemas, ou seja, de situações em que os alunos precisem desenvolver algum tipo de estratégia para resolvê-las. (*Ibidem*, p. 40)

Embora apontem a resolução de problemas como eixo organizador do processo de ensino e aprendizagem da matemática no ensino fundamental, os PCNEFs destacam outros caminhos como importantes para trabalhar a matemática escolar. Dentre eles, "destacam-se a História da Matemática, as tecnologias da comunicação e os jogos como recursos que podem oferecer os contextos dos problemas, como também os instrumentos para a construção das estratégias de resolução" (*ibidem*, p. 42).

Delineada a compreensão da natureza do conhecimento matemático, do papel da resolução de problemas nessa etapa do ensino da matemática e dos caminhos para fazer matemática na sala de aula, na sequência destacaremos os objetivos gerais, os conteúdos e a avaliação em matemática para o ensino fundamental.

Segundo os PCNEFs, as finalidades da matemática escolar, visando ao desenvolvimento pleno da cidadania, indicam como objetivos do ensino fundamental levar o aluno a:

- identificar os conhecimentos matemáticos como meios para compreender e transformar o mundo à sua volta e perceber o caráter de jogo intelectual, característico da Matemática, como aspecto que estimula o interesse, a curiosidade, o espírito de investigação e o desenvolvimento da capacidade para resolver problemas;

- fazer observações sistemáticas de aspectos quantitativos e qualitativos do ponto de vista do conhecimento e estabelecer o maior número possível de relações entre eles, utilizando para isso o conhecimento matemático (aritmético, geométrico, métrico, algébrico, estatístico, combinatório, probabilístico);
- selecionar, organizar e produzir informações relevantes, para interpretá-las e avaliá-las criticamente;
- resolver situações-problema, sabendo validar estratégias e resultados, desenvolvendo formas de raciocínio e processos, como dedução, indução, intuição, analogia, estimativa, e utilizando conceitos e procedimentos matemáticos, bem como instrumentos tecnológicos disponíveis;
- comunicar-se matematicamente, ou seja, descrever, representar e apresentar resultados com precisão e argumentar sobre suas conjecturas, fazendo uso da linguagem oral e estabelecendo relações entre ela e diferentes representações matemáticas;
- estabelecer conexões entre temas matemáticos de diferentes campos e entre esses temas e conhecimentos de outras áreas curriculares;
- sentir-se seguro da própria capacidade de construir conhecimentos matemáticos, desenvolvendo a auto-estima e a perseverança na busca de soluções;
- interagir com seus pares de forma cooperativa, trabalhando coletivamente na busca de soluções para problemas propostos, identificando aspectos consensuais ou não na discussão de um assunto, respeitando o modo de pensar dos colegas e aprendendo com eles. (*Ibidem*, pp. 47-48)

Em relação aos conteúdos de matemática para o ensino fundamental, o documento considera que deva haver um equilíbrio entre os temas associados aos campos da aritmética, da álgebra, da geometria e também do tratamento da informação. Um bom currículo deveria contemplar o estudo dos números e das operações, do espaço e das formas, das grandezas e das medidas, procurando, sempre que possível, articulá-los. Ainda cabe nesse currículo a manipulação de dados estatísticos, tabelas e gráficos, além de atividades que ajudem os alunos a desenvolver os pensamentos probabilísticos e combinatórios.

O desafio que se apresenta é o de identificar, dentro de cada um desses vastos campos, que conceitos, procedimentos e atitudes são socialmente relevantes. Também apontar em que medida os conteúdos contribuem para o desenvolvimento intelectual do aluno, ou seja, para a construção e coordenação do pensamento lógico-matemático, para o desenvolvimento da criatividade, da intuição, da capacidade de análise e de crítica, que constituem esquemas lógicos de referência para interpretar fatos e fenômenos. (*Ibidem*, p. 49)

Consideramos oportuno apresentar a concepção de "conteúdo" adotada pelos PCNEFs, na qual os conteúdos são entendidos como:

(...) explicações, formas de raciocínio, linguagens, valores, sentimentos, interesses e condutas. (...) os conteúdos estão dimensionados não só em conceitos, mas também em procedimentos e atitudes. A seleção de conteúdos a serem trabalhados pode se dar numa perspectiva mais ampla, ao procurar identificá-la como formas e saberes culturais cuja assimilação é essencial para que produza novos conhecimentos. (*Ibidem*)

Em relação aos conteúdos de natureza conceitual, procedimental e atitudinal, o documento considera que:

(...) os conceitos permitem interpretar fatos e dados e são generalizações úteis que permitem organizar a realidade, interpretá-la e predizê-la. (...) Os procedimentos por sua vez estão direcionados à consecução de uma meta e desempenham um papel importante, pois grande parte do que se aprende em Matemática são conteúdos relacionados a procedimentos. (...) As avaliações envolvem o componente afetivo, (...) têm a mesma importância que os conceitos e procedimentos, pois, de certa forma, funcionam como condições para que eles se desenvolvam. (*Ibidem*, p. 50)

Por fim, destacamos as orientações relacionadas à avaliação em matemática nessa etapa de ensino. Segundo o documento, "na atual perspectiva de um currículo de matemática para o ensino fundamental, novas funções são indicadas à avaliação, na qual se destacam uma dimensão social e uma dimensão pedagógica" (*ibidem*, p. 54).

> No [caso da dimensão social] atribui-se à avaliação a função de fornecer aos estudantes informações sobre o desenvolvimento das capacidades e competências que são exigidas socialmente, bem como auxiliar os professores a identificar quais objetivos foram atingidos, com vistas a reconhecer a capacidade matemática dos alunos, para que possam inserir-se no mercado de trabalho e participar da vida sociocultural.
>
> No [caso da dimensão pedagógica] cabe à avaliação fornecer aos professores as informações sobre como está ocorrendo a aprendizagem: os conhecimentos adquiridos, os raciocínios desenvolvidos, as crenças, hábitos e valores incorporados, o domínio de certas estratégias, para que ele possa propor revisões e reelaborações de conceitos e procedimentos ainda parcialmente consolidados. (*Ibidem*)

Em síntese, no que tange à avaliação como princípio norteador, ela é uma parte vital no processo de ensino e aprendizagem de qualquer componente curricular, uma vez que

> (...) incide sobre uma grande variedade de aspectos relativos ao desempenho dos alunos, como aquisição de conceitos, domínio de procedimentos e desenvolvimento de atitudes. Mas também devem ser avaliados aspectos como seleção e dimensionamento dos conteúdos, práticas pedagógicas, condições em que se processam o trabalho escolar e as próprias formas de avaliação. (*Ibidem*, p. 57)

Década de 1990: Os Parâmetros Curriculares Nacionais do Ensino Médio

A LDB 9.394/96 posiciona o ensino médio como a etapa final da educação básica, complementando o aprendizado iniciado no ensino fundamental. As novas demandas para o ensino médio impulsionaram a Secretaria do Ensino Médio e Tecnológico do Ministério da Educação a apresentar uma proposta curricular que respeitasse o princípio de flexibilidade, orientador da Lei de Diretrizes e Bases, e que se mostrasse exequível em todos os estados da Federação, considerando as desigualdades regionais. O documento produzido foi apresentado aos secretários de educação das unidades federadas e encaminhado ao Conselho Nacional de Educação em 7 de julho de 1997, solicitando-se o respectivo parecer.

Segundo os Parâmetros Curriculares Nacionais do Ensino Médio (PCNEMs) de 1999, o currículo a ser elaborado deve corresponder a uma boa seleção e contemplar aspectos dos conteúdos e das práticas que precisam ser enfatizados. Outros aspectos merecem menor ênfase e realmente devem ser abandonados por parte dos organizadores de currículos e professores. Para os PCNEMs, os critérios centrais para o desenvolvimento das atitudes e das habilidades são o da contextualização e o da interdisciplinaridade, ou seja, o potencial do tema para dar ensejo a conexões entre diversos conceitos matemáticos e entre diferentes formas de pensamento matemático, ou, ainda, a relevância cultural do tema, tanto no que diz respeito às suas aplicações dentro ou fora da matemática, quanto à sua importância histórica no desenvolvimento da própria ciência.

Segundo os PCNEMs, a matemática, por sua universalidade de quantificação e expressão, como linguagem, portanto, ocupa uma posição singular. No ensino médio, quando, nas ciências, se torna essencial uma construção abstrata mais elaborada, os instrumentos matemáticos são especialmente importantes. Mas não é só nesse sentido que a matemática é fundamental. Possivelmente, não existe nenhuma atividade da vida contemporânea, da música à informática, do comércio à meteorologia, da medicina à cartografia, das engenharias às comunicações, em que a matemática não compareça de maneira insubstituível para codificar, ordenar, quantificar e interpretar compassos, taxas, dosagens, coordenadas, tensões, frequências e quantas outras variáveis houver.

A matemática como ciência, "com seus processos de construção e validação de conceitos e argumentações e os procedimentos de generalizar, relacionar e concluir que lhe são característicos, permite estabelecer relações e interpretar fenômenos e informações" (Brasil

1999, p. 22). Conforme o referido documento, "as formas de pensar dessa ciência possibilitam ir além da descrição da realidade e da elaboração de modelos" (*ibidem*).

A organização do ensino de matemática nessa etapa da educação básica pretende contemplar a necessidade de sua adequação para o desenvolvimento e a promoção de alunos, com diferentes motivações, interesses e capacidades, criando condições para sua inserção num mundo em mudança e contribuindo para desenvolver as capacidades que deles serão exigidas em sua vida social e profissional.

Os PCNEMs destacam que a matemática no ensino médio tem um valor formativo, que ajuda a estruturar o pensamento e o raciocínio dedutivo; também desempenha um papel instrumental, pois é uma ferramenta que serve para a vida cotidiana e para muitas tarefas específicas em quase todas as atividades humanas; e também deve ser vista como ciência, com suas características estruturais específicas. É importante que o aluno perceba que as definições, as demonstrações e os encadeamentos conceituais e lógicos têm a função de construir novos conceitos e estruturas por meio de outros que servem para validar intuições e dar sentido às técnicas aplicadas.

Por fim, o texto dos PCNEMs diz que cabe à matemática do ensino médio apresentar ao aluno o conhecimento de novas informações e instrumentos necessários para que lhe seja possível continuar aprendendo. As finalidades do ensino de matemática no nível médio indicam como objetivos levar o aluno a:

> • compreender os conceitos, procedimentos e estratégias matemáticas que permitam a ele desenvolver estudos posteriores e adquirir uma formação científica geral; • aplicar seus conhecimentos matemáticos a situações diversas, utilizando-os na interpretação da ciência, na atividade tecnológica e nas atividades cotidianas; • analisar e valorizar informações provenientes de diferentes fontes, utilizando ferramentas matemáticas para formar uma opinião própria que lhe permita expressar-se criticamente sobre problemas da Matemática, das outras áreas do conhecimento e da atualidade; • desenvolver as capacidades de raciocínio e resolução de problemas,

de comunicação, bem como o espírito crítico e criativo; • utilizar com confiança procedimentos de resolução de problemas para desenvolver a compreensão dos conceitos matemáticos; • expressar-se oral, escrita e graficamente em situações matemáticas e valorizar a precisão da linguagem e as demonstrações em Matemática; • estabelecer conexões entre diferentes temas matemáticos e entre esses temas e o conhecimento de outras áreas do currículo; • reconhecer representações equivalentes de um mesmo conceito, relacionando procedimentos associados às diferentes representações; • promover a realização pessoal mediante o sentimento de segurança em relação às suas capacidades matemáticas, o desenvolvimento de atitudes de autonomia e cooperação. (*Ibidem*, pp. 84-85)

Segundo a visão defendida nos PCNEMs, os conteúdos na matemática são instrumentos para o desenvolvimento de habilidades e competências.

Um aspecto distintivo desse documento é a opção feita no sentido de indicar competências e habilidades a serem desenvolvidas em matemática, em vez de indicar conteúdos mínimos ou conteúdos básicos a serem trabalhados. Os Parâmetros Curriculares Nacionais do Ensino Médio indicam que as competências devem ser organizadas em torno de três aspectos, quais sejam: i) Representação e comunicação – que visa desenvolver a capacidade de comunicação; ii) Investigação e compreensão – que visa desenvolver a capacidade de questionar processos naturais e tecnológicos, identificando regularidades, apresentando interpretações e prevendo evolução, e desenvolver o raciocínio e a capacidade de aprender; iii) Contextualização sociocultural – que visa compreender e utilizar a ciência como elemento de interpretação e intervenção, e a tecnologia como conhecimento sistemático de sentido prático.

Para a construção de cada uma das competências mencionadas acima, existe um grupo de habilidades.

Os PCNEMs indicam que o conhecimento prévio dos alunos é particularmente relevante para o aprendizado científico e matemático. Os alunos chegam à escola já trazendo conceitos próprios para as coisas que observam e modelos elaborados autonomamente para explicar sua realidade vivida, inclusive para os fatos de interesse científico. É importante levar em conta tais conhecimentos, no processo pedagógico, porque o efetivo diálogo pedagógico só se verifica quando há uma confrontação verdadeira de visões e opiniões; o aprendizado da ciência é um processo de transição da visão intuitiva, de senso comum ou de autoelaboração, pela visão de caráter científico, construída pelo aluno como produto do embate de visões.

Conforme os PCNEMs, o ensino de matemática deve adotar métodos de aprendizado ativo e interativo. O professor deve criar situações em que o aluno seja instigado ou desafiado a participar e questionar. A valorização das atividades coletivas que propiciem a discussão e a elaboração conjunta de ideias e de práticas, e o desenvolvimento de atividades lúdicas, nas quais o aluno se sinta desafiado pelo jogo do conhecimento, e não somente pelos outros participantes, também contribuem para um aprendizado ativo e interativo. A resolução de problemas é uma importante estratégia de ensino, na medida em que os alunos, confrontados com situações-problema novas, porém compatíveis com os instrumentos que já possuem ou que possam adquirir no processo, aprendem a desenvolver estratégia de enfrentamento, planejando etapas, estabelecendo relações, verificando regularidades, fazendo uso dos próprios erros cometidos para buscar novas alternativas; adquirem espírito de pesquisa, aprendendo a consultar, a experimentar, a organizar dados, a sistematizar resultados, a validar soluções; desenvolvem sua capacidade de raciocínio, adquirem autoconfiança e sentido de responsabilidade; e, finalmente, ampliam sua autonomia e sua capacidade de comunicação e de argumentação.

Apesar de não estabelecerem um currículo mínimo para o ensino de matemática, os PCNEMs fazem algumas considerações a respeito dos conteúdos que deverão ser trabalhados no ensino médio, considerando que os elementos essenciais de um núcleo comum devem compor uma série de temas ou tópicos em matemática, escolhidos por meio de critérios que visem ao desenvolvimento das atitudes e das habilidades descritas anteriormente.

(...) o currículo do Ensino Médio deve garantir espaço para que os alunos possam estender e aprofundar seus conhecimentos sobre números e álgebra, mas não isoladamente de outros conceitos, nem em separado dos problemas e da perspectiva sócio-histórica que está na origem desses temas. Estes conteúdos estão diretamente relacionados ao desenvolvimento de habilidades que dizem respeito à resolução de problemas, à apropriação da linguagem simbólica, à validação de argumentos, à descrição de modelos e à capacidade de utilizar a Matemática na interpretação e intervenção no real. (*Ibidem*, p. 89)

No documento, é proposto que as habilidades de visualização, desenho, argumentação lógica e de aplicação na busca de soluções para problemas podem ser desenvolvidas com um trabalho adequado de geometria, para que o aluno possa usar as formas e as propriedades geométricas na representação e na visualização de partes do mundo que o cerca. As habilidades de descrever e analisar grandes quantidades de dados, de realizar inferências e fazer predições com base numa amostra de população e de aplicar as ideias de probabilidade e combinatória a fenômenos naturais e do cotidiano são aplicações da matemática em questões do mundo real que tiveram um crescimento muito grande e se tornaram bastante complexas.

Em relação à avaliação, o documento faz as seguintes considerações:

Modificações como essas, no aprendizado, vão demandar e induzir novos conceitos de avaliação. Isso tem aspectos específicos para a área de Ciência e Tecnologia, mas tem validade mais ampla, para todas as áreas e disciplinas. Há aspectos bastante particulares da avaliação que deverão ser tratados em cada disciplina, no contexto de suas didáticas específicas, mas há aspectos gerais que podem ser desde já enunciados. É imprópria a avaliação que só se realiza numa prova isolada, pois deve ser um processo contínuo que sirva à permanente orientação da prática docente. Como parte do processo de aprendizado, precisa incluir registros e comentários da produção coletiva e individual do conhecimento e, por isso mesmo, não deve ser um procedimento aplicado nos alunos, mas um processo que conte com a participação deles. É pobre a avaliação que se constitua em cobrança da repetição do que foi ensinado, pois deveria apresentar situações em que os alunos utilizem e vejam que realmente podem utilizar os conhecimentos, valores e habilidades que desenvolveram. (*Ibidem*, p. 103)

Sobre avaliação destacamos ainda que,

(...) a própria avaliação deve ser também tratada como estratégia de ensino, de promoção do aprendizado das Ciências e da Matemática. A avaliação pode assumir um caráter eminentemente formativo, favorecedor do progresso pessoal e da autonomia do aluno, integrada ao processo ensino-aprendizagem, para permitir ao aluno consciência de seu próprio caminhar em relação ao conhecimento e permitir ao professor controlar e melhorar a sua prática pedagógica. Uma vez que os conteúdos de aprendizagem abrangem os domínios dos conceitos, das capacidades e das atitudes, é objeto da avaliação o progresso do aluno em todos estes domínios. De comum acordo com o ensino desenvolvido, a avaliação deve dar informação sobre o conhecimento e compreensão de conceitos e procedimentos; a capacidade para aplicar conhecimentos na resolução de problemas do cotidiano; a capacidade para utilizar as linguagens das Ciências, da Matemática e suas Tecnologias para comunicar idéias; e as habilidades de pensamento como analisar, generalizar, inferir. (*Ibidem*, pp. 107-108)

Desde a elaboração dos PCNEMs, outros documentos curriculares oficiais têm sido produzidos com a finalidade de melhorar e aprofundar as ideias neles contidas, quais sejam, os PCNs+ de 2002 e as Orientações Curriculares para o Ensino Médio de 2006.

Em linhas gerias, os PCNs+ de 2002 tinham como objetivo encaminhar um ensino compatível com as novas pretensões educativas e ampliar as orientações contidas nos PCNEMs, adiantando elementos que não estavam ainda explicitados. No que se refere às ciências da natureza e à matemática, o documento procura trazer elementos de utilidade para o professor de cada disciplina, na definição de conteúdos e na adoção de opções metodológicas. Além disso, explicitam-se algumas formas de articulação das disciplinas para organizar, conduzir e avaliar o aprendizado.

Finalmente, apontam-se direções e meios para a formação continuada dos professores do ensino médio, o fim de garantir-lhes permanentes instrumentação e aperfeiçoamento para o trabalho que deles se espera.

Já as Orientações Curriculares para o Ensino Médio de 2006 foram elaboradas tendo como objetivo retomar as discussões iniciadas nos PCNs+ de 2002, não só no sentido de aprofundar a compreensão sobre pontos que mereciam esclarecimentos, mas também no de apontar e desenvolver indicativos que pudessem oferecer alternativas didático-pedagógicas para a organização do trabalho pedagógico, a fim de atender às necessidades e às expectativas das escolas e dos professores na estruturação do currículo do ensino médio.

Uma última questão a ser brevemente apresentada diz respeito ao fato de que até a Reforma Francisco Campos o que havia não era um currículo de matemática, mas uma lista de conteúdos, denominados "Programas". Para Pires (2006), pioneiros da educação matemática em nosso país, como Euclides Roxo, conseguiram inserir em documentos oficiais algumas recomendações de cunho metodológico, além da lista de conteúdos. A partir da década de 1970, com a expansão do sistema de ensino e a ampliação da escolaridade obrigatória, os "Programas" foram sendo substituídos por documentos denominados "Guias curriculares", "Propostas curriculares", até os documentos mais recentes, conhecidos como "Parâmetros Curriculares Nacionais".

Para Pires, essas denominações se referem à não obrigatoriedade e à flexibilidade que os caracterizam. Todos os documentos vão além da listagem de conteúdos e conferem destaque às finalidades do ensino da matemática, a objetivos gerais e específicos e às questões de natureza metodológica, didática, incluindo indicações sobre avaliação.

Algumas considerações sobre o panorama do ensino da matemática

Consideramos que até a época do Movimento da Matemática Moderna o currículo da matemática escolar era centrado, exclusivamente, nos conteúdos matemáticos, ou seja, em como eles eram distribuídos ao longo dos anos escolares e das diferentes modalidades de ensino.

Acreditamos que a confluência das ideias envolvendo as reformas Francisco Campos, Gustavo Capanema e o MMM mudou, definitivamente, a consecução do currículo da matemática escolar. A visão de currículo apenas como uma lista de conteúdos, de modo geral, deixa de existir, e outros elementos passam a incorporá-lo seguindo o modelo curricular elaborado por Tyler, elementos estes como o objetivo, a metodologia e a avaliação. Por conseguinte, outro cenário para a matemática escolar anunciava-se, qual seja, o de contribuir para o desenvolvimento econômico e intelectual do Brasil e dos brasileiros.

Naturalmente, após a acomodação desse novo modo de conceber o currículo escolar da matemática, denominado por Bishop (1999) "projeto curricular matemático", ocorreram mudanças que, para nós, procuraram superar as críticas aos documentos curriculares oficiais anteriores. Do nosso ponto de vista, os documentos curriculares construídos pós-MMM incorporaram ideias da psicologia, da sociologia, da filosofia e da própria área de educação matemática, visando ao aprimoramento do currículo da matemática escolar.

Essas áreas contribuíram para o aperfeiçoamento do currículo da matemática escolar, pois auxiliaram o desenvolvimento dos objetivos, das finalidades, do papel, da metodologia e do processo avaliativo da disciplina escolar de matemática, adequando-o às demandas educacionais da sociedade vigente.

Refletindo sobre os conteúdos matemáticos, ou melhor, sobre os conhecimentos e os saberes matemáticos, eles pouco, ou quase nada, sofreram alterações ao longo do século XX, no que tange aos documentos curriculares. As mudanças que ocorreram estiveram relacionadas à elaboração de novas metodologias para trabalhar e desenvolver esses saberes, em consonância com as finalidades educacionais.

Constatamos a inexistência de um debate que trate do conhecimento matemático em termos da epistemologia social e como uma prática discursiva – conceitos mencionados anteriormente. Esse conhecimento, no que se refere aos documentos que analisamos, está amarrado às estacas do mito de sua neutralidade, por motivos que presumimos estarem relacionados ao fato de que são documentos governamentais, produzidos em diferentes épocas; à ideia de que o conhecimento matemático é assim mesmo, descontextualizado e despersonalizado, logo, neutro; à sua contribuição mais para o desenvolvimento do consenso do que para o desenvolvimento do conflito.

Contudo, parece-nos que, quando o conhecimento matemático, ao lado dos saberes da língua materna, é privilegiado nas avaliações externas, algo de diferente está sendo dito sobre sua neutralidade, da mesma maneira que ocorre quando ele se posiciona e dá a palavra final nas questões políticas, nos índices econômicos, de desenvolvimento humano, nas taxas de juro, emprego, desemprego etc. A informação dada por esse conhecimento matemático muitas vezes é suficiente, mas o que está implícito nela permanece oculto, sem análise crítica; do nosso ponto de vista, o lugar em que esse conhecimento deveria se desenvolver, privilegiando suas dimensões política e crítica, é a escola, e isso não ocorre.

Se isso não ocorre na escola, então não vemos saída para a Babel que se tornou o desenvolvimento do conhecimento matemático nas escolas brasileiras, de um modo geral. É Babel, porque os documentos curriculares oficiais propõem caminhos para o desenvolvimento da matemática escolar que, muitas vezes, são dissonantes dos pretendidos pela comunidade de professores e pesquisadores do ensino da matemática. Nesse sentido, quando as portas das salas de aulas se fecham, cada professor de matemática, de acordo com suas ideologias, suas crenças, suas concepções, sua formação etc., faz o que quer e entende ser o melhor para ele e para seus alunos; contudo, se o que o professor faz ao fechar a porta da sua sala é bom ou ruim, isso nós não sabemos.

Algumas ideias sobre a investigação em educação matemática

Antes de discutirmos as questões referentes ao lugar da educação matemática na sociedade contemporânea, marcada sobremaneira pelo multiculturalismo, pela globalização e pelas relações assimétricas de poder, pretendemos apresentar algumas ideias sobre a investigação em educação matemática, com a intenção de justificar nossas escolhas.

Segundo Kilpatrick, ao longo de sua constituição, o campo de investigação em educação matemática sofreu significativa influência da psicologia. No decorrer do século passado, essa dependência migrou para outras áreas das ciências humanas. Contudo, ainda hoje, a psicologia, do ponto de vista metodológico, possui espaço considerado no campo da educação matemática. Até a década de 1970, a psicologia condutivista (de orientação positivista) exerceu determinada influência nas investigações realizadas nos Estados Unidos, a qual buscava, conforme esse autor,

> (...) especificar o comportamento dos estudantes ou professores e analisar este comportamento em componentes. O mundo do ensino e da aprendizagem das matemáticas era visto como um sistema de variáveis que interatuavam entre si. O propósito da investigação era o de descrever essas variáveis, descobrir suas inter-relações e tentar manipular algumas delas para obter mudanças em outras. (Kilpatrick 1998, pp. 4-5; trad. nossa)

Já na Europa e na Austrália, as investigações em educação matemática sofreram influências fenomenológicas. Uma dessas aproximações fenomenológicas se associa ao trabalho realizado pelo antropólogo,

> (...) no sentido de que tenta capturar e compartilhar a compreensão que tanto professores como estudantes têm do seu encontro educativo. (...) O propósito é o de proporcionar conhecimento específico acerca da atividade social dentro de um contexto. (...) o investigador busca interpretar o significado que o ensino e a aprendizagem das matemáticas têm para os participantes, ao viver dentro da sala de aula, participando ou não do processo de instrução. (*Ibidem*, p. 5)

Outra aproximação fenomenológica indicada por Kilpatrick se associa ao sociólogo crítico, na medida em que, segundo defende, tanto a escola como a sociedade devem ser isentos de sujeição:

(...) o investigador em educação matemática deve assumir um papel ativo ajudando professores e estudantes a buscar esta liberdade. O investigador precisa não somente compreender o significado que os participantes dão ao processo educativo, mas também deve ajudar a mudar aqueles significados que têm sido distorcidos pela ideologia. (*Ibidem*)

Na opinião desse autor, todas as aproximações são importantes e nenhuma delas deve ser rejeitada, pois a educação matemática demanda a multiplicidade das perspectivas citadas para tratar das questões envolvendo os fenômenos e os processos de ensino e aprendizagem.

Godino (1991) identifica as principais linhas de investigação em educação matemática, nas atividades desenvolvidas pelos grupos Teoria em Educação Matemática (TEM), Psicologia da Educação Matemática ou Psychology of Mathematics Education (PME) e a Escola Francesa da Didática da Matemática. Acrescentamos a esses grupos o Educação Matemática e Sociedade ou Mathematics Education and Society (MES).

O grupo Teoria em Educação Matemática "se ocupa da situação atual e das perspectivas para o desenvolvimento futuro da educação matemática como um campo acadêmico e como um domínio de interação entre a investigação, o desenvolvimento e a prática" (Godino 1991, p. 7; trad. nossa). Segundo o autor, nesse grupo de trabalho, são identificados três componentes que se relacionam mutuamente, quais sejam:

i) A identificação e a formulação dos problemas básicos na orientação, no fundamento, na metodologia e na organização da Educação Matemática como uma disciplina; ii) O desenvolvimento de uma aproximação compreensiva da Educação Matemática, que deve ser vista em sua totalidade como um sistema interativo, compreendendo investigação, desenvolvimento e prática; e iii) A organização da investigação sobre a própria Educação Matemática como disciplina que, por um lado, proporciona informação e dados sobre a situação, os problemas e as necessidades da disciplina, levando em conta as diferenças nacionais e regionais, e, por outro, contribui para o desenvolvimento de um metaconhecimento e uma atitude autorreflexiva como base para o estabelecimento e a realização dos programas de desenvolvimento do TEM. (Godino 1991, pp. 7-8; trad. nossa)

O segundo grupo destacado por Godino é o grupo de trabalho em Psicologia da Educação Matemática, que apresenta como principais objetivos:

i) Promover contatos internacionais e intercâmbio de informação científica sobre a Psicologia da Educação Matemática; ii) Promover e estimular investigação interdisciplinar nessa área com a cooperação de psicólogos, matemáticos e professores de matemáticas; iii) Fomentar uma compreensão mais profunda e correta dos aspectos psicológicos do ensino e aprendizagem da matemática e suas implicações. (*Ibidem*, p. 12)

Segundo Godino, os fenômenos estudados pelo grupo de trabalho do PME podem ser resumidos em quatro tipos:

i) A organização hierárquica das competências e das concepções dos estudantes; ii) A evolução a curto prazo das concepções e das competências na aula; iii) As interações sociais e os fenômenos inconscientes; iv) A identificação dos teoremas em ação, esquemas e símbolos. (*Ibidem*)

O terceiro grupo de trabalho identificado por Godino, e aquele que busca construir uma reflexão teórica a respeito do objeto e dos métodos de investigação que são específicos da educação matemática, é o da escola francesa da didática da matemática. Na comunidade de educadores matemáticos brasileiros, nós nos referimos à escola francesa utilizando apenas a expressão "didática da matemática".

Como característica desta linha, pode-se citar o interesse por estabelecer um marco teórico original, desenvolvendo seus próprios conceitos e métodos e considerando as situações de ensino-aprendizagem globalmente. Os métodos desenvolvidos compreendem as dimensões epistemológicas, sociais e cognitivas e tratam de levar em conta a complexidade das interações entre o saber, os alunos e o professor, dentro do contexto particular da classe. (*Ibidem*, p. 17)

Antes de discutirmos o último grupo de trabalho que selecionamos e ao qual nos filiamos, consideramos pertinente incorporar a fenomenologia didática de Freudenthal como uma das principais linhas de investigação em educação matemática. Conforme citado por Godino, a fenomenologia de Freudenthal é um referencial teórico relevante para a discussão das questões da didática, do currículo e da prática de ensino da matemática escolar.

Para Godino, os conceitos de *fenomenologia didática* e *constituição dos objetos mentais* desenvolvidos por Freudenthal ainda são objetos de interesse, reflexão e investigação.

No que diz respeito à *fenomenologia didática*, o autor considera que, para Freudenthal, a matemática é imprescindível para modelar fenômenos do mundo real:

A fenomenologia de um conceito matemático, de uma estrutura matemática ou uma ideia matemática significa, na terminologia de Freudenthal, descrever este *noumenon* em sua relação com os *phainomena* para os quais é o meio de organização, indicando quais são os *phainomena* para cuja organização foi criado e aos quais pode ser estendido, de que maneira atua sobre esses fenômenos como meio de organização e de que poder nos dota sobre esses fenômenos. (*Ibidem*, p. 25)

Já o segundo objeto de estudo elaborado por Freudenthal, qual seja, *a constituição dos objetos mentais*, segundo Godino, segue o caminho contrário ao enfoque usual de *aquisição de conceitos*:

(...) habitualmente se considera que, para conceber um certo objeto X, se ensina, ou tenta ensinar, o conceito de X. (...) Didaticamente isso significa que o carro vai à frente do cavalo: ensinar abstrações tornando-as concretas. (...) O que uma fenomenologia didática pode fazer é preparar o enfoque contrário: começar por esses fenômenos que solicitam ser organizados e, desde tal ponto de partida, ensinar o estudante a manipular esses meios de organização. (*Ibidem*)

Para colocar em prática a fenomenologia didática, é preciso que "suas propostas de ação didática se centrem em pôr o estudante ante as situações-problema (fenômenos), com as quais se começarão *a constituir objetos mentais*, isto é, uma estrutura cognitiva pessoal que posteriormente poderá ser enriquecida com a visão discursiva cultural" (*ibidem*, p. 26).

A discussão sobre o grupo de trabalho Educação Matemática e Sociedade (MES) foi acrescentada por nós, com o intuito de apresentar o debate envolvendo a educação matemática e suas dimensões política, social e cultural. Conforme destacado por Carvalho (2007), o MES surgiu justamente com a intenção de tratar dessas questões. Segundo a autora, as buscas por um espaço que privilegiasse a discussão envolvendo as dimensões sociais, culturais e políticas da educação matemática, ao lado da hegemonia das pesquisas em educação matemática envolvendo a psicologia cognitiva, foram responsáveis pela criação de um novo grupo de trabalho, particularmente tratado como comunidade de prática. Conforme a autora, a criação do grupo teve início no Psychology of Mathematics Education (PME) 20, diante do fato de que as reuniões do PME não ofereciam espaço adequado para os temas associados ao social e ao político da educação matemática, tampouco representavam as pesquisas sobre esses temas.

(...) a recente concentração de estudos psicológicos na educação matemática, sobre o indivíduo em detrimento do social, não poderá sustentar o desenvolvimento da equidade e da justiça social dentro e fora das aulas de matemática. Argumentamos que se faz necessária uma agenda alternativa de pesquisa, uma agenda que veja o social como sumamente importante. (Cotton e Gates, *apud* Carvalho 2007, p. 67)

Para Carvalho, a educação matemática é um ato social, cultural e político e, por isso, ela deveria privilegiar os menos favorecidos, dando-lhes mais atenção e fazendo ecoar as suas vozes – uma educação matemática mais igualitária e menos representante do pensamento hegemônico dominante.

Reforçamos a ideia de Carvalho de que a criação do MES procurou construir um novo espaço cujas dimensões social, política e cultural fossem o principal foco de atenção.

> Observamos que a orientação dominante na pesquisa em Educação Matemática era calcada em psicologia cognitiva, que não reconhecia, e, consequentemente, não investigava, as dimensões político-sócio-culturais da educação matemática. Investigar tais dimensões entraria em conflito com as bases da pesquisa cognitiva vigente. Dessa forma, o MES1 seria uma contribuição no sentido de reorientar o olhar e dar atenção à Educação Matemática nas suas dimensões político-sócio-culturais. (*Ibidem*, p. 69)

De acordo com essa autora, uma segunda justificativa apresentada para a criação do MES foi dada com o intuito de fazer frente ao PME, uma vez que conferências como as das Dimensões Políticas da Educação Matemática ou Political Dimensions of Mathematics Education (PDME), do Grupo Internacional de Estudos em Etnomatemática ou International Study Group on Ethnomathematics (ISGEm), o Grupo de Educação Matemática Crítica ou Critical Mathematics Education Group (CMEG) e o Grupo de Pesquisas sobre as Perspectivas Sociais na Educação Matemática ou Research into Social Perspectives in Mathematics Education (RSPME) investigavam as dimensões político-socioculturais, mas "nenhuma, (...), consegue levantar o apoio e a audiência das conferências do PME e estão, portanto, correndo o risco de fragmentar qualquer sentido de alternativa pela própria existência de tantos grupos diversos" (Gates e Cotton, *apud* Carvalho 2007, p. 70).

Não entraremos na polêmica se a criação de uma comunidade de prática como a do MES ocorre por questões de poder, pois não se trata do nosso objeto de estudo o poder nos diferentes espaços de discussão e investigação em educação matemática. Incorporamos essa comunidade de prática, ou grupo de trabalho, com o intuito de justificar nossas escolhas envolvendo as temáticas de investigação privilegiadas aqui.

Por fim, cabe destacar que a comunidade de prática científica MES foi constituída, segundo Carvalho (2007, p. 308), com as seguintes intenções:

> (...) ser um fórum de debates das dimensões sociais, políticas e culturais da educação matemática; congregar grupos e comunidades existentes, até então dispersos, em torno da temática das dimensões sociais e políticas da educação matemática; desenvolver pesquisa e produzir suporte teórico que privilegie a perspectiva social, contrapondo-se ao enfoque hegemônico psicologizante na Educação Matemática historicamente vigente.

Para a autora, a temática do currículo da matemática escolar apresentou-se de forma recorrente nos congressos do MES, em conjunto com os conceitos de gênero, classe, etnia e cidadania. Por se tratar de uma temática pouco explorada nas pesquisas e nos estudos da área de educação matemática, concordamos com Carvalho quando defende que é preciso desenvolver mais reflexões que abordem o currículo da matemática escolar em consonância com as questões associadas aos conceitos de gênero, raça, identidade etc. Concordamos com ela também sobre o fato de que há uma escassa produção brasileira envolvendo a educação matemática e as relações assimétricas de poder, tanto na sociedade como no campo dos conhecimentos, e que, para ser mudado tal quadro, são necessários mais apoio e mais atenção por parte das universidades e dos órgãos de fomento brasileiros. Essa mudança poderia ser uma possibilidade dentro

> (...) da realidade social brasileira, na qual questões que envolvem relações de desigualdade configuram contextos atravessados por realidades extremamente polarizadas e condições de exercício de

poderes que agudizam situações de submissão, sofrimento, falta de dignidade; existe uma urgência de compromissos. Pesquisadores, docentes, estudantes, todos deveriam atentar para a produção de um conhecimento construtor de cidadania. Tal envolvimento colaboraria para tornar cidadãos não apenas aqueles que carecem de condições para enfrentar com entendimento e crítica sua situação de carência, mas também aqueles que se deparam cotidianamente com esse quadro de apoio para iniciar esse processo. (*Ibidem*, p. 311)

É nessa direção que a terceira parte deste trabalho tem a intenção de, com base nos estudos sobre as teorias do currículo e sobre a importância dada à questão cultural, contemporaneamente, refletir a respeito do lugar que a educação matemática pode assumir, em um momento em que o debate sobre a necessidade de romper e mesmo eliminar as barreiras disciplinares ganha espaço; há mais valorização dos saberes não científicos no cotidiano; a cultura escolar cada vez mais busca distanciar-se da cultura dominante e aproximar-se das culturas das minorias; destituir a disciplina escolar matemática do seu *status quo* privilegiado é algo impensável na sociedade contemporânea e, nesse sentido, o debate em torno da questão de privilegiar os saberes matemáticos produzidos nas diferentes culturas se apresenta como emergente no debate vivenciado, principalmente nos estudos etnomatemáticos.

A questão que se apresenta é como tratar o conhecimento matemático institucionalizado em consonância com os saberes matemáticos não institucionalizados, em um momento em que o país cresce e precisa cada vez mais de pessoas com competências e habilidades desenvolvidas pela matemática institucionalizada. É quase uma relação dicotômica, não porque os saberes matemáticos produzidos às margens das bacias hidrográficas (metáfora da bacia)[5] sejam insuficientes para

---

5. Segundo D'Ambrosio (2009, p. 16), devemos reconhecer que aos países periféricos é reservada uma situação de serem não mais que afluentes do curso principal do atual desenvolvimento científico e tecnológico. Nisso consiste a metáfora da bacia, que considera o conhecimento dos países centrais a massa de água de um grande caudal, e a contribuição dos países periféricos as águas dos afluentes. As águas

produzir habilidades e competências, mas porque não temos dado o devido espaço em nossas discussões para tratar desse conhecimento matemático; logo, não temos elementos suficientes para pensar tais transformações. Os saberes e os conhecimentos matemáticos difundidos em nossas escolas estão muito arraigados em nossos docentes e mesmo na comunidade de educação matemática, e fazer algo diferente seria uma transformação nos moldes do Movimento da Matemática Moderna. Assim, será que não estamos próximos de um novo movimento da matemática, não moderna, mas com uma nova feição, delineada por cores/tons/matizes do multiculturalismo, das questões de gênero e raça, das relações de poder, dos saberes e dos conhecimentos das culturas das minorias, nas histórias dos vencidos?

Há urgência em discutir essas e outras questões afins. Cumpre indagar como a educação matemática, como os professores de matemática, por meio de tendências e estudos teóricos, têm incorporado aos seus debates, às suas pesquisas, as ideias discutidas e difundidas no campo do currículo, envolvendo a centralidade cultural e as relações de poder.

As perguntas realizadas em épocas e contextos diferentes e que vêm sempre à tona são: quais conhecimentos e saberes matemáticos privilegiar na formação das nossas crianças, jovens e adultos? De quem são esses saberes? Os historicamente legitimados? Ou os historicamente negligenciados? São questões inquietantes, com múltiplas e controversas respostas, e que deveriam, urgentemente, ser discutidas.

As pesquisas realizadas no Brasil sobre o currículo da matemática escolar estão muito presas às discussões relacionadas aos currículos oficiais e à história da matemática escolar, faltando, do nosso ponto de vista, uma aproximação com aquilo que vem sendo discutido e realizado aqui pelos grupos que estudam as teorias do currículo. Parece-nos

---

do grande caudal não penetram afluente acima. O conhecimento chega ao destino, nas margens dos afluentes, após grandes transformações e é, em geral, deficiente. Enquanto o conhecimento produzido pelas nações centrais segue seu curso, como o grande caudal, a contribuição dos afluentes é trivial e marginal. Mas, mesmo assim, as águas dos afluentes se incorporam e dão vida ao grande caudal.

que as questões relacionadas à dicotomia entre o ensino pragmático, utilitário, e o ensino formal, geral, e a finalidade da matemática escolar contribuíram, significativamente, para esse distanciamento, que fez com que as discussões curriculares associadas à matemática escolar centralizassem as atenções, mesmo que involuntariamente, para a legitimação desse saber.

Em que momento da nossa história recente no campo da educação matemática brasileira discutiu-se uma agenda para tratar do ensino da matemática escolar? Questionou-se a legitimação desse saber escolar? Defendeu-se um ensino de matemática que privilegiasse a maioria oprimida? Quantas vezes, em nossas salas de aula de matemática, justificamos a importância do saber matemático para que os menos afortunados não se tornassem mais excluídos? Quando, efetivamente, conseguimos colocá-los em uma condição privilegiada para realizar voos mais altos? Que matemática é essa tão fascinante que cega nossos olhos quando se trata de perceber seu papel hegemônico? Que matemática é essa tão fascinante que não abre nossos olhos para a utilizarmos como arma de resistência contra-hegemônica? Essas são questões que põem em evidência a dimensão política da matemática na escola.

Com o propósito de discutirmos algumas dessas perguntas, apresentaremos estudos que consideramos pertinentes e subsidiários para o debate em questão, os quais estão relacionados à tendência temática de investigação em educação matemática denominada por Kilpatrick (*apud* Fiorentini e Lorenzato 2006) "Contexto sociocultural e político do ensino-aprendizagem da matemática" e por Santos (2003), "Contextos ambiental, sociocultural e educação matemática/transversalidade".

A ideia de que o conhecimento, o ensino e a aprendizagem são elementos sujeitos a condições sociais e culturais determinadas se estende à Educação Matemática abrindo possibilidades para se desenvolver um amplo campo de estudos e significativas proposições no plano curricular. Por sua vez, a conexão existente entre a matemática e outras áreas do conhecimento, bem como a diversidade de aplicações do conhecimento matemático em situações do cotidiano de qualquer sociedade são fatores que forçam o ensino a levar em conta os contextos (ambiental, cultural, social, político) e as condições em que o conhecimento matemático é produzido, usado e ensinado. (Santos 2003, p. 6)

Para Santos, os trabalhos associados à temática em questão indicam uma nova possibilidade de investigação, bem como fortalecem a constituição da identidade da área, uma vez que evidenciam a relação, marcadamente, estreita entre educação matemática, cultura e contexto social, além de fundamentar uma nova possibilidade de organização curricular que privilegie, sobretudo, o multiculturalismo: "Assim levam em conta temas que vêm se fortalecendo enquanto possibilidade de estudos e como campo que contém elementos capazes de figurar nas atuais tendências curriculares no cenário mundial da educação matemática" (*ibidem*, p. 9).

Para Kilpatrick (1998), os estudos envolvendo o uso do conhecimento matemático escolar, fora dos muros da escola, têm contribuído e revelado como as matemáticas são construídas socialmente e como seus saberes e conhecimentos são escolhidos, pela sociedade, para fazer parte dos programas curriculares.

Conforme nos indica o referido autor,

> (...) uma área crescente da literatura de investigação está se preocupando com a relação entre a cultura das matemáticas escolares e a cultura que a criança traz para a escola e a cultura dentro da qual o adulto faz matemáticas. (...) Uma das mudanças mais surpreendentes na investigação em educação matemática desde os anos 70 tem sido o salto dos estudos sobre a aprendizagem de estudantes individuais aos estudos que levam em conta, de diversas maneiras, o contexto social dentro do qual tem lugar a instrução. Professores e estudantes são membros de vários grupos sociais; o ensino e a aprendizagem são processos sociais; e as matemáticas que se ensinam estão determinadas socialmente. (*Ibidem*, p. 13; trad. nossa)

Os estudos em educação matemática têm começado a incorporar fortemente esses fatores, e uma perspectiva teórica que considera como pressuposto básico que as dimensões sociais e culturais são tão importantes quanto as dimensões formativas e educativas no processo de ensino e aprendizagem da matemática escolar é o interacionismo simbólico, segundo Godino:

> (...) o interacionismo é uma das aproximações na investigação sobre o desenvolvimento intelectual que promove uma visão sociocultural sobre as fontes e o crescimento do conhecimento. Enfatizam-se como foco de estudo as interações entre os indivíduos dentro de uma cultura em lugar de sobre o indivíduo. A ênfase se coloca na construção subjetiva do conhecimento por meio da interação, assumindo o suposto básico de que os processos culturais e sociais são parte integrante da atividade matemática. (Godino e Llinares 2000, p. 2; trad. nossa)

Situamos, assim, a nossa escolha por esses estudos e não por outros, uma vez que há uma relação estreita entre eles, pois todos explicitam que o desenvolvimento matemático tem suas raízes nos aspectos cultural e social dos diferentes grupos e práticas sociais. Do nosso ponto de vista, a modelagem matemática, como método, é um instrumento valioso para colocar em prática o que é preconizado como finalidade do ensino da matemática pela etnomatemática e pela educação matemática crítica. Da mesma forma, a educação matemática crítica pode ser utilizada como um poderoso instrumento analítico para estudar as relações envolvendo a matemática acadêmica, a matemática escolar, a cultura e as relações assimétricas de poder, presentes na sociedade contemporânea. Em relação à etnomatemática e à enculturação matemática, entendemos que ambas possibilitam um debate muito próximo aos estudos sobre as teorias do currículo, especificamente quando a cultura se torna dimensão central nas discussões no campo do currículo.

Etnomatemática

A invenção do termo "etnomatemática" tem como um dos seus precursores Ubiratan D'Ambrosio, que enfatizou, em conferências e escritos, a influência de fatores socioculturais no ensino e na aprendizagem da matemática. A etnomatemática faz uma confluência entre a matemática e a antropologia cultural. Em um nível, é o que poderíamos chamar de "matemática e o meio ambiente" ou "matemática e a comunidade". Em outro nível, o de relação, a etnomatemática é a maneira particular e talvez peculiar pela qual grupos culturais específicos realizam suas tarefas de classificação, ordenação, contagem e medição.

O desenvolvimento formal da etnomatemática pode ter sido retardado por uma visão distorcida de que a matemática é universal e livre da cultura, isto é, desvinculada dos diferentes grupos culturais. Investigações recentes têm revelado que a matemática usada na vida diária, ao ser afetada por modos distintos de cognição, pode ser bem diferente daquela que se ensina nas escolas. A etnomatemática sugere uma ampla conceitualização das matemáticas e do significado de "etno". Uma visão ampla das matemáticas inclui aritmética, medição, classificação, ordenação, inferência e modelação. "Etno" abarca grupos culturais identificáveis, como sociedades nacionais, tribos, classes profissionais etc., e inclui seus códigos, símbolos, mitos e também suas maneiras específicas de raciocínio e inferência.

Segundo D'Ambrosio (2001), a etnomatemática é a matemática praticada por grupos culturais, como comunidades urbanas e rurais, grupos de trabalhadores, classes profissionais, crianças de uma determinada faixa etária, sociedades indígenas e tantos outros grupos que se identificam por objetivos e tradições comuns (aos grupos). Segundo o autor, a etnomatemática também possui um caráter político, dada sua preocupação em tratar das questões éticas e resgatar a cultura de povos oprimidos. Para Borba (2001), os estudos etnomatemáticos produzidos por D'Ambrosio, Power e outros, na década de 1980, contribuíram decisivamente para o nascimento e o crescimento do movimento em torno da educação matemática crítica. "Esse movimento se preocupa fundamentalmente com os aspectos políticos da educação matemática, [ou seja,] traz para o centro do debate da educação matemática questões ligadas ao tema poder" (*ibidem*, p. 7).

D'Ambrosio refere-se à etnomatemática como um programa que tem como objetivo refletir amplamente sobre a natureza do pensamento matemático, do ponto de vista cognitivo, histórico, social, político, pedagógico etc. Tal reflexão foi encorajada pelo reconhecimento, tardio, de outras formas de pensar, inclusive matemático. Sua principal motivação é a busca por entender o saber-fazer matemático ao longo da história da humanidade, contextualizado em diferentes grupos de interesse, comunidades, povos e nações; e sua principal razão é o resultado de uma preocupação com as tentativas de propor uma epistemologia, e, como tal, uma explicação final da etnomatemática. Ao insistir na denominação "programa etnomatemática", D'Ambrosio procura evidenciar que não se trata de propor uma outra epistemologia, mas de entender a aventura da espécie humana na busca de conhecimento e na adoção de comportamentos.

A pesquisa em etnomatemática deve ser realizada com muito rigor, mas a subordinação desse rigor a uma linguagem e a uma metodologia-padrão, mesmo tendo caráter interdisciplinar, pode ser nociva. Ao reconhecer que não é possível chegar a uma teoria final das maneiras de saber-fazer matemático de uma cultura, D'Ambrosio enfatiza o caráter dinâmico desse programa de pesquisa. Dentre as distintas maneiras de fazer e de saber, algumas privilegiam comparar, classificar, quantificar, medir, explicar, generalizar, inferir e, de algum modo, avaliar. O autor trata, então, de um saber-fazer matemático na busca de explicações e de maneiras de lidar com o ambiente imediato e remoto. Esse saber-fazer matemático é contextualizado e responde aos fatores naturais e sociais.

Segundo D'Ambrosio, o cotidiano está impregnado dos saberes próprios da cultura. A todo instante, os indivíduos estão comparando, classificando, quantificando, medindo, explicando, generalizando, inferindo e, de algum modo, avaliando, usando os instrumentos materiais e intelectuais que são próprios à sua cultura. É uma etnomatemática não apreendida nas escolas, mas no ambiente familiar, no ambiente dos brinquedos e de trabalho, recebida de amigos e colegas. Ela é parte do cotidiano, que é o universo no qual se situam as expectativas e as angústias das crianças e dos adultos, e sua proposta não pretende ignorar e muito menos rejeitar a matemática acadêmica, simbolizada, por exemplo, por Pitágoras. Por circunstâncias históricas, os povos que, a partir do século XVI, conquistaram e colonizaram todo o planeta tiveram sucesso graças ao conhecimento e ao comportamento que se apoiavam em Pitágoras e em seus companheiros da bacia do Mediterrâneo. Hoje, são esses os conhecimentos e os comportamentos, incorporados à modernidade, que conduzem a nossa vida cotidiana.

Não se trata de ignorar ou rejeitar o conhecimento e o comportamento modernos, mas de aprimorá-los, incorporando a eles valores de humanidade, sintetizados por meio da ética, do respeito, da solidariedade e da cooperação. Conhecer e assimilar a cultura do dominador torna-se algo positivo desde que as raízes do dominado sejam fortes. Na educação matemática, a etnomatemática pode fortalecer essas raízes.

Para D'Ambrosio, do ponto de vista utilitário, é um grande equívoco pensar que a etnomatemática pode substituir a matemática acadêmica, a qual é essencial para um indivíduo ser atuante no mundo moderno. Na sociedade moderna, ela terá utilidade limitada, da mesma forma como muito da matemática acadêmica é absolutamente inútil nessa sociedade. O autor se refere à boa matemática acadêmica excluindo o que é desinteressante, obsoleto e inútil – que, segundo ele, infelizmente, domina os programas vigentes. Uma boa matemática acadêmica será alcançada se deixarmos de lado muito do que ainda está nos programas e que é justificado por um conservadorismo danoso e um caráter propedêutico insustentável. Costuma-se dizer: "é necessário aprender isso para adquirir base para poder aprender aquilo". O fato é que o "aquilo" deve cair fora e, ainda com maior razão, o "isso" (D'Ambrosio 2001, p. 42).

A etnomatemática preocupa-se com a passagem do concreto para o abstrato e privilegia o raciocínio qualitativo, tão importante para o desenvolvimento de algumas áreas da matemática na segunda metade do século XX, como a estatística, a probabilidade, a programação, a modelagem, a matemática "fuzzy" e a geometria "fractal". D'Ambrosio afirma que o raciocínio qualitativo é essencial para chegar a uma nova organização da sociedade, pois permite exercer crítica e análise do mundo em que vivemos, devendo ser incorporado, sem qualquer hesitação, nos sistemas educacionais.

Um enfoque etnomatemático sempre está ligado a uma questão maior, de natureza ambiental ou de produção. Raramente se apresenta desvinculado de outras manifestações culturais, como a arte e a religião, e se enquadra perfeitamente numa concepção multicultural e holística de educação.

As dimensões da etnomatemática

D'Ambrosio (2001) classificou as diferentes vertentes da etnomatemática por meio de várias dimensões: a conceitual, a histórica, a cognitiva, a epistemológica, a política e a educacional. Conforme Brito e Lucena (2006), na dimensão conceitual da etnomatemática, a matemática caracteriza-se pela necessidade de sobrevivência e transcendência dos seres humanos. Os comportamentos e os conhecimentos desenvolvidos socialmente se retroalimentam na construção da cultura de um grupo e, consequentemente, nas estruturações matemáticas criadas como soluções aos possíveis problemas vividos. As reflexões interculturais sobre a história, a filosofia da matemática e as experiências individuais e coletivas de cada indivíduo fazem parte da dimensão histórica da etnomatemática. Para essa dimensão, o conhecimento se constrói por meio das interpretações históricas dos conhecimentos dos povos nas origens do conhecimento moderno. A história da humanidade é um exemplo permanente para o entendimento do conhecimento matemático.

A dimensão cognitiva, segundo Brito e Lucena, concentra as manifestações matemáticas do pensamento humano. Ideias matemáticas como comparar, classificar, quantificar, medir, conjecturar etc. são compreendidas por meio da união dos fenômenos biológicos, antropológicos e sociais em permanente construção, os quais são responsáveis pelo desencadeamento dos sistemas de conhecimentos (fazeres e saberes de uma cultura) e de comportamentos com fins de sobrevivência e transcendência. A relação entre saberes e fazeres de uma cultura resume a grande controvérsia entre o empírico e o teórico.

Segundo Sacardi (2008), a dimensão epistemológica se fundamenta na integração do sistema de conhecimento com as questões inerentes à sobrevivência e à transcendência do indivíduo. Ou seja, é a relação entre os saberes e os fazeres da cultura de um grupo, da observação da realidade aos fundamentos teóricos da ciência.

Nas conquistas de poder sobre territórios, há sempre um dominador e um dominado. Eliminar a historicidade, as raízes do dominado faz parte das estratégias de dominação. A dimensão política da etnomatemática, para Brito e Lucena, está associada, fundamentalmente, à reestruturação e ao fortalecimento dessas raízes. Seu papel é reconhecer e respeitar a história, a tradição, o pensamento de outras culturas, excluindo a prática seletiva que comumente tem servido de caracterização à pertinência da matemática em nossa sociedade.

Para Sacardi (2008), a etnomatemática, em sua dimensão educacional, não nega os conhecimentos e os comportamentos modernos incorporados da matemática acadêmica. Além disso, incorpora valores da humanidade para a condução da vida cotidiana do indivíduo, ponderando todos os aspectos inerentes: emocional, social, cultural, afetivo, político e econômico. Para Brito e Lucena (2006), a etnomatemática assume, assim, uma proposta pedagógica na qual a matemática é viva, lidando com situações reais no tempo [agora] e no espaço [aqui]. E, por meio da crítica, faz questionar o aqui e agora. Ao fazermos isso, D'Ambrosio acredita que mergulhamos nas raízes culturais e praticamos dinâmica cultural. Estamos, efetivamente, reconhecendo, na educação, a importância das várias culturas e tradições na formação de uma nova civilização, transcultural e transdisciplinar. A etnomatemática trouxe um caminho para uma educação renovada, capaz de preparar gerações futuras para construir uma sociedade mais justa e igualitária.

Dispositivo etnomatemático

Bampi (2003) analisa a etnomatemática à luz do pensamento foucaultiano, particularmente como dispositivo de um governo multicultural.

(...) as práticas Etnomatemáticas estão inscritas em jogos de poder-saber-verdade, encontrando-se ligadas às configurações de saber que delas emergem, mas que, do mesmo modo, as condicionam, realizando formas de subjetivação, são acionadas por uma série de tecnologias, técnicas e procedimentos que, articulados, constituem modos de governar, ligados a estratégias multiculturais. (*Ibidem*, p. 52)

De acordo com a referida autora, "o dispositivo etnomatemático é formado na conjunção de vários tipos de formas de saber em que condições, regras, relações de poderes e saberes, (...) estabelecem-se, sustentando relações de poder e sancionando verdades" (*ibidem*, p. 53). A operacionalização das relações de poder-saber-verdade, com base na etnomatemática, é desencadeada por um conjunto de ações que tem início nas relações de força, "operando intervenções racionais, tanto para desenvolvê-las em determinada direção quanto para bloqueá-las, estabilizá-las ou utilizá-las" (*ibidem*). Segundo a autora, tais relações põem em funcionamento um conjunto de tecnologias de governo formado pelos elementos – a produção de identidades, a hierarquização de diferenças e do eu *reflexivo*, *sentimental*, *cidadão* e *livre* – que fazem parte de um jogo de estratégias envolvendo o poder e ligadas a saberes, verdades e estratégias de governo.

Essas relações movimentam variadas técnicas de poder-saber – de vidas, de grupos, da comunidade e do eu – combinando-as com outras, acionando e articulando elementos técnicos, que interferirão na constituição de campos de governo. De acordo com Bampi, dependendo de como esses elementos são relacionados, diferentes possibilidades de jogos e estratégias de jogos são viabilizadas e interferem, diretamente, nos objetivos multiculturais. Ao ajustar procedimentos, metas e técnicas e combinar linhas de poder-saber-verdade, de acordo com a autora, o dispositivo etnomatemático passa a ser usado como uma tecnologia de governo, padronizando modos de existir etnomatemático: "É na conjunção desses heterogêneos processos que tecnologias de governo são exercidas, produzindo capacidades, atitudes, modos de reconhecimento específicos, conformados em uma forma de vida etnomatematizada"

(Bampi 2003, p. 53). Para ela, as singularidades determinadas pelo dispositivo etnomatemático são desencadeadas ao pôr em funcionamento as relações de forças associadas à luta pela distribuição e ascensão ao poder real da matemática.

As singularidades produzidas são responsáveis por definir o local em que as tecnologias etnomatemáticas serão exercidas e entrelaçadas às linhas de poder-saber-verdade. De acordo com Bampi, "essas linhas – por combinarem poderes e saberes – fazem o dispositivo funcionar que, dispondo estrategicamente de formas de governar, opera reapropriando estilos de vida singulares em um modo de existir etnomatematizado" (*ibidem*, p. 54). A preocupação da autora foi determinar tecnologias, técnicas e práticas pelas quais os sujeitos governam a si mesmos e a sociedade em que estão inseridos.

Consideramos que o dispositivo etnomatemático e, consequentemente, os resultados produzidos por ele representam uma tecnologia associada ao governo multicultural que produz sujeitos que, ao conhecerem a si mesmos e a sociedade em que vivem, podem ou não se tornar dóceis e sujeitados à ideologia hegemônica. Essa sujeição dependerá, sobretudo, de como os saberes matemáticos serão fabricados por essa sociedade etnomatematizada.

Enculturação matemática: Um currículo com inserção cultural

O trabalho realizado por Alan Bishop (1999) é importante para o nosso estudo, na medida em que propõe um currículo fundamentado na cultura das sociedades, contribuindo para o debate sobre a organização curricular da matemática escolar.

Antes de discorrer a respeito dos principais aspectos do enfoque cultural, é preciso esclarecer que Bishop utiliza o termo "matemática" para expressar a ideia de que a matemática é como a linguagem, ou seja, um fenômeno "multicultural", e o termo "matemática" serve para expressar a forma particular de matemática, que gerou a disciplina internacional atualmente ensinada nas escolas.

Na busca por semelhanças matemáticas em diferentes grupos culturais, Bishop estabeleceu um conjunto de atividades e processos que conduzem ao desenvolvimento da matemática. Tais atividades matemáticas, equivalentes à "comunicação", deram lugar ao desenvolvimento da linguagem. Para o autor, esse conjunto de atividades – de contar, medir, localizar, projetar (desenhar), jogar e explicar – está relacionado às ideias de número, geometria e ao entorno social, e é importante para o desenvolvimento de noções matemáticas em qualquer cultura. As atividades descritas são motivadas por necessidades relacionadas com o entorno. Bishop afirma que esse conjunto de atividades é universal, contudo acreditamos que outras atividades possam ser consideradas – dentre elas, a predição. Segundo Cantoral e Farfán (2003), a impossibilidade de controlar o tempo obrigou os grupos sociais a predizer, a antecipar os eventos com certa racionalidade.

As atividades de contar e medir se diferenciam por suas características principais. A atividade de contar tem como importante característica o aspecto discreto que se contrapõe à continuidade dos fenômenos no caso da atividade de medir. A atividade de localizar destaca os aspectos topográficos e cartográficos do entorno, enquanto a atividade de desenhar (projetar) trata das conceituações de objetos e artefatos e conduz à ideia fundamental de "forma". A atividade de jogar refere-se às regras e aos procedimentos sociais para a atuação e também estimula o aspecto "em si" da conduta imaginária e hipotética. A atividade de explicar indica os diversos aspectos cognitivos de investigar, conceituar o entorno e de compartilhar essas conceituações. Todas essas atividades implicam tipos especiais de linguagem e de representação e ajudam a desenvolver a tecnologia simbólica (matemática).

Para Bishop (1999), a sociedade industrializada moderna se baseia em uma cultura matemática industrializada. Portanto, a matemática, além de ser uma categoria determinada de tecnologia simbólica, também é portadora – e ao mesmo tempo produto – de alguns valores determinados: "Se somente pretendemos compreender as Matemáticas como uma tecnologia simbólica concreta, unicamente compreenderemos uma pequena parte dela: de fato, possivelmente a parte menos importante para a educação e para nosso futuro" (p. 83; trad. nossa). Assim, Bishop considera que são os valores das matemáticas que têm implicações importantes na educação matemática.

Os valores citados, construídos por meio da teorização de Leslie A. White, referem-se a como esses valores se desenvolvem a partir dos avanços tecnológicos, ou seja, o desenvolvimento da tecnologia é o que "conduz" aos componentes ideológicos, sentimentais e sociológicos da cultura. Bishop destaca seis conjuntos diferentes de ideias e valores que estão relacionados aos três componentes da teoria de White: o racionalismo e o objetivismo estão relacionados ao componente ideológico; o controle e o progresso, ao sentimental; e a abertura e o mistério, ao sociológico.

O racionalismo ocupa-se de critérios associados a um tipo particular de teorização e encontra-se no coração da matemática. O objetivismo caracteriza uma visão do mundo dominada por imagens de objetos materiais. O controle e o progresso ocupam-se de sentimentos e atitudes e estão relacionados, respectivamente, com o estático e o dinâmico. A abertura refere-se ao fato de que as verdades, as proposições e as ideias matemáticas, em geral, estão abertas ao exame de qualquer pessoa. O mistério refere-se a de onde procedem e onde se produzem as ideias matemáticas.

Bishop afirma que foi muito útil para sua busca por uma representação apropriada do currículo para a enculturação matemática o estudo produzido por Howson, Keitel e Kilpatrick (1981), que identificou cinco enfoques diferentes de abordar o currículo: o condutivista, o da Matemática Moderna, o estruturalista, o formativo e o do ensino integrado.

O enfoque condutivista tentava melhorar a aprendizagem por meio da "análise de tarefas" de uma área de conteúdos, dando como resultado um procedimento detalhado passo a passo para um aprendizado sequencial. O principal agente teórico desse enfoque foi Gagné (1962).

O enfoque da Matemática Moderna se caracteriza por uma descrição sistemática da matemática reorganizada para privilegiar a estrutura e a linguagem matemática de maneira uniforme e precisa. O princípio básico do Grupo Bourbaki,[6] a dedução de conteúdos a partir de axiomas, também ocupou um lugar fundamental no ensino da matemática. A apresentação de Dieudonné (1961) no Oece Seminário de Royaumont[7] é citada como o impulso teórico desse enfoque.

O *enfoque estruturalista* está baseado nas investigações conduzidas pelos teóricos da epistemologia genética dentro dos processos de formação do conceito; por meio dele, Jerome Bruner desenvolveu sua teoria a respeito das "estruturas das disciplinas", segundo a qual as estruturas das ciências são apropriadas para promover processos de aprendizagem eficientes, justificando, assim, a *posteriori*, os esforços realizados para que fosse orientada a reforma curricular realizada na estrutura das disciplinas científicas. Howson, Keitel e Kilpatrick (1981) afirmam que os mais eminentes representantes do enfoque estruturalista foram Bruner, com seu artigo de 1960 publicado em *The mathematics*

---

6. "Na década de 1920 passaram pela ENS [École Normale Supérieure de Paris] cinco jovens franceses, que viriam a ser membros da primeira formação do Grupo Bourbaki: André Weil, Claude Chevalley, Henri Cartan, Jean Delsarte e Jean Dieudonné. (...) A gênese do Grupo Bourbaki está na inquietação de Cartan diante da qualidade dos livros de Análise disponíveis à época (...). Diante disso, Cartan convenceu o amigo Weil a escrever um livro que fosse capaz de tratar de todo o conteúdo avaliado na prova de Análise, e que pudesse substituir todos os outros livros sobre o assunto. (...) Para organizar a Matemática, o Grupo faz três escolhas que merecem ser destacadas: a unidade da Matemática (...), estruturas mães (algébricas, topológicas e de ordem) e o método axiomático. Bourbaki contribuiu uniformizando notações e terminologias, tornando-as comuns a diversas áreas da Matemática. Percebeu a necessidade de uma sistematização das relações existentes entre as diversas teorias matemáticas e a construiu, por meio do que se conhece como método axiomático." (Esquincalha 2012, pp. 29-32)

7. Segundo Pires (2000), no final da década de 1950, a Organização Europeia de Cooperação Econômica (Oece) criou um departamento com o objetivo de tornar mais eficaz o ensino de ciências e matemática. Em 1959, a Oece promoveu o Seminário de Royaumont, tendo como meta a reformulação dos currículos em vigor. Após o seminário, foi elaborado o Programa Moderno da Matemática para o Ensino Secundário, publicado em 1961 com o título *Mathématiques nouvelles*, sob a coordenação de Marshall H. Stone e com a participação de vários especialistas.

teacher, intitulado "On learning mathematics", e Dienes, com seu livro *The six stages in the process of learning mathematics*, de 1973, publicado pela National Foundation for Educational Research.

O *enfoque formativo*, segundo Howson, Keitel e Kilpatrick (1981), é formulado sem fazer referência a nenhuma matéria escolar específica. Parte de dois pressupostos: o primeiro é o de que toda educação escolar se dirige a dotar o aluno de um bom conjunto de capacidades cognitivas e atitudes afetivas e de motivação; o segundo é o de que os fatores podem ser descritos em função dos traços da personalidade. O objetivo do currículo é iniciar os processos de aprendizagem, porém não determiná-los. O principal teórico que serve de guia a esse enfoque é Piaget.

O *enfoque do ensino integrado* se desenvolveu ao mesmo tempo e sobre a mesma base cognitivo-teórica que o enfoque formativo. Entretanto, propõe-se a ir além das meras afirmações sobre métodos e considerar também os problemas relacionados com os conteúdos. As áreas problemáticas da realidade determinaram o conteúdo a ser ensinado. Assim é como Howson, Keitel e Kilpatrick descrevem o currículo, indicando também que as unidades curriculares devem ter flexibilidade suficiente para deixar aberto o maior número de vias para (e desde) um problema, de maneira que o processo de resolução de problemas e, em consequência, a evolução do processo de aprendizagem possam ser controlados pelos próprios estudantes. É importante não estabelecer distinção do papel e da finalidade das diferentes disciplinas.

Os enfoques condutivista, da Matemática Moderna e estruturalista têm o foco no objeto, enquanto o formativo tem foco na criança e o de ensino integrado no social. Bishop (1999) não considera, para efeito do seu estudo, os três primeiros enfoques, justamente por terem o foco apenas no objeto. O enfoque cultural do currículo matemático constitui um sexto enfoque. Ao estabelecer o enfoque cultural, Bishop se preocupa menos com os procedimentos de avaliação e mais com os objetivos, os conteúdos e os métodos. Para isso, inicialmente, desenvolve cinco princípios que um currículo com enfoque cultural deveria seguir e depois descreve os componentes desse currículo.

Cinco princípios do enfoque cultural de Bishop no currículo matemático

Bishop (1999) considera que as investigações antropológicas e interculturais têm gerado inúmeros dados que não somente corroboram essa perspectiva, mas também nos permitem compreender o significado e a importância da matemática. A cultura matemática é a associação da tecnologia simbólica particular desenvolvida pelas seis atividades universais descritas anteriormente, com os seis valores da cultura matemática. Essa combinação oferece o ponto de partida para a análise dos cinco princípios que deveria seguir um currículo de matemática com enfoque cultural: representatividade, formalismo, acessibilidade, poder explicativo e concepção ampla e elementar.

Princípio da representatividade: naturalmente, em primeiro lugar, o currículo deveria representar adequadamente a cultura matemática, ocupar-se não somente da tecnologia simbólica das matemáticas, mas também de uma maneira explícita e formal dos valores da cultura matemática, no sentido de destacar o racionalismo mais do que o objetivismo, mais o progresso que o controle, de maneira que a abertura seja mais significativa que o mistério.

Princípio do formalismo: em segundo lugar, é importante reiterar o ponto de vista de que o currículo deveria objetivar o nível formal da cultura matemática, mostrando as conexões com o nível informal e oferecendo, ademais, uma introdução ao nível técnico. Mediante essa estrutura curricular, é fácil fazer referência às ideias matemáticas de outras culturas. Parte da dificuldade experimentada na atualidade por vários educadores que tratam de representar as matemáticas como uma matéria "multicultural" é que, em geral, carecem de uma boa estrutura para reconhecer semelhanças entre as ideias matemáticas. Para fazer com que um currículo seja multicultural, primeiramente é preciso torná-lo "cultural".

Princípio da acessibilidade: o terceiro princípio básico que se deveria seguir é o de que um currículo de enculturação matemática poderia ser acessível para todas as crianças. A enculturação matemática deve ser para todos: a educação matemática deverá ser para todos.

Naturalmente, existirá a necessidade de criar oportunidades para que alguns alunos, de acordo com seus interesses e seus antecedentes, aprofundem algumas ideias mais do que outros; contudo, essa condição não invalida o princípio. Outra ideia fundamental desse princípio é que o conteúdo curricular não comprometa a capacidade intelectual dos alunos.

Princípio do poder explicativo: outro princípio é o de que o currículo de enculturação matemática explicaria que a matemática, como fenômeno cultural, obtém seu poder do fato de ser uma rica fonte de explicações, e essa característica deve conformar os significados importantes que devem surgir do currículo de enculturação matemática. O corolário de tudo isso é que, para que o poder explicativo se transmita, os fenômenos que se deseja explicar devem ser acessíveis para todos os alunos. O currículo matemático provavelmente está baseado, de alguma maneira, no entorno dos alunos e da sociedade em que vivem.

Princípio da concepção ampla e elementar: em essência, o quinto princípio é uma extensão lógica do quarto. Em vez de ser relativamente limitado e "tecnicamente exigente", o currículo de enculturação matemática teria uma concepção relativamente ampla e elementar ao mesmo tempo, oferecendo vários contextos, para que a explicação, que deriva da capacidade da matemática de conectar grupos de fenômenos aparentemente díspares, possa se manifestar por completo. Por exemplo, ao se limitar a oferecer um mero exemplo de uma aplicação algorítmica dada, pode conservar a pureza matemática, porém não ajuda a explicá-la. Se o seu poder é explicar e, mais ainda, analisar variados grupos de fenômenos, então essa amplitude deve ser um princípio importante para qualquer currículo de enculturação matemática.

Para Bishop, esses são os cinco princípios que deveriam caracterizar o currículo de enculturação matemática ou o enfoque cultural do currículo matemático. Sintetizando, o currículo de enculturação matemática representaria a cultura matemática, tanto da perspectiva de seus valores como de sua tecnologia simbólica; objetivaria o nível formal dessa cultura; seria acessível a todas as crianças; enfatizaria a matemática como explicação; seria relativamente amplo e elementar em vez de limitado e exigente em sua concepção.

Os três componentes do currículo de enculturação matemática

Bishop (1999) afirma que, para estruturar o marco de conhecimentos do currículo de enculturação matemática, existem simbolizações, conceitualizações e alguns valores significativos, que são desenvolvidos e representados no currículo. Para tanto, como primeiro nível de estruturação, o autor elege três componentes diferentes, que são essenciais em um currículo de enculturação matemática. Os componentes citados oferecem um marco de conhecimentos que permitirão ao currículo satisfazer a todos os princípios descritos anteriormente. Não se podem definir de maneira mutuamente excludente, e será inevitável (e conveniente) que se produzam superposições e interações entre eles. Os componentes sugeridos por Bishop são o simbólico, o social e o cultural.

O *componente simbólico baseado em conceito* inclui as conceitualizações explicativas significativas e a tecnologia simbólica das matemáticas, permitindo basicamente que se explorem, de uma maneira explícita, os valores do racionalismo e do objetivismo. Esse componente organiza-se em torno das seis atividades universais descritas anteriormente e se ocupa da tecnologia simbólica que deriva dessas atividades. Segundo Bishop, ao estruturar dessa maneira o componente citado, é possível garantir uma cobertura ampla e elementar das ideias matemáticas importantes. Existem vários conceitos que deveriam ser apresentados a todas as crianças durante sua educação formal. Esses conceitos foram eleitos para ilustrar todos os princípios do currículo matemático descritos anteriormente, em especial os princípios da acessibilidade, do poder explicativo e da concepção ampla e elementar.

O autor afirma ainda que não existe nenhuma maneira objetiva de avaliar o poder explicativo, porém, se for adotada a essência dos cinco princípios, parece que o conceito de análise combinatória, por exemplo, é uma ideia mais importante para as crianças do que o das funções trigonométricas, porque o primeiro pode explicar, melhor do que o segundo, diversas situações compreensíveis e acessíveis para as crianças.

A estruturação das seis atividades também permite representar contrastes e semelhanças com as ideias matemáticas de outras culturas. Independentemente dos conceitos que forem tratados – sistemas de numeração, linguagem geométrica, orientações, linhas e desenhos, jogos, medidas ou classificações de fenômenos –, o emprego dos dados de outras culturas constitui uma potente ajuda curricular.

Bishop considera que esses conceitos são oferecidos como organizadores do currículo, proporcionando o marco de conhecimento. Por isso, deveriam ser o centro de interesse, abordados mediante atividades realizadas em contextos ricos relacionados com o entorno, explorados por seu significado, sua lógica e suas conexões matemáticas, e generalizados em outros contextos para exemplificar e validar seu poder explicativo. Portanto, o componente simbólico do currículo de enculturação matemática basear-se-ia nos conceitos.

Para efeito de ilustração, apresentaremos cada uma das seis atividades referidas e os possíveis conceitos a serem desenvolvidos por elas.

Contar – Quantificadores (cada, alguns, muitos, nenhum); adjetivos numéricos. Contar com os dedos e com o corpo. Correspondência. Números. Valor posicional. Zero. Base 10. Operações com números. Combinatória. Precisão. Aproximações. Erros. Frações. Decimais. Positivos, negativos. Infinitamente grande e infinitamente pequeno. Limite. Retas numéricas. Potências. Relações numéricas. Diagramas de flechas. Representações algébricas. Sucessos. Probabilidade. Representações de frequências.

Medir – Quantificadores comparativos (mais rápido, mais fino). Ordenação. Qualidades. Desenvolvimento de unidades. Precisão de unidades. Estimação. Longitude. Área. Volume. Tempo. Temperatura. Peso. Unidades convencionais. Unidades padronizadas. Sistema de unidades (métrica e monetária). Unidades compostas.

Localizar – Preposições. Descrições de percursos. Localização no entorno. Norte, Sul, Leste e Oeste. Orientações com a bússola. Acima e abaixo. Esquerda e direita. De frente e de trás. Viagens (distância). Linhas retas e curvas. Rotações. Sistema de localização. Coordenadas polares. Coordenadas em duas e três dimensões. Mapas. Latitude e longitude. Lugar geométrico. Mecanismos articulados. Círculo. Elipse. Vetor. Espiral.

Desenhar – Desenho. Abstração. Figura. Forma. Estética. Objetos comparados pelas propriedades da forma. Grande, pequeno. Semelhança. Congruência. Propriedades das formas. Formas, figuras e sólidos geométricos comuns. Redes. Superfícies. Mosaicos. Simetria. Proporção. Razão. Modelos em escala. Ampliações. Rigidez das formas.

Jogar – Jogos. Diversão. Enigma. Paradoxo. Modelação. Realidade imaginada. Atividade regida por regras. Raciocínio hipotético. Procedimentos. Planos estratégicos. Jogos de cooperação. Jogos de competição. Jogos individuais. Azar. Adivinhar.

Explicar – Semelhanças. Classificações. Convenções. Classificação hierárquica de objetos. Explicações de relatos. Conectores lógicos. Explicações linguísticas: Argumentos lógicos. Demonstrações. Explicações simbólicas: Equação. Desigualdade. Algoritmo. Função. Explicações figurativas: Gráficos. Diagramas. Tabelas. Matrizes. Modelação matemática. Critérios: validade interna, generalização externa.

Para Bishop, os conceitos descritos não devem ser ensinados como tópicos se desejamos que se desenvolva sua potencialidade explicativa, mas sim por meio de atividades apropriadas e adaptadas à faixa etária das crianças, devendo ser apresentados em contextos acessíveis e interessantes para elas.

O *componente social baseado em projetos* exemplifica os múltiplos usos que a sociedade faz das explicações matemáticas e os principais valores de controle e progresso que se desenvolvem com seu uso.

Bishop afirma que, se o enfoque conceitual anterior fosse adotado em mais currículos, a matemática seria mais bem-entendida do que é atualmente. O autor não acredita que esse componente constitua por si só uma boa experiência de enculturação. Ainda que o currículo conceitual estivesse completamente desenvolvido por meio de atividades ricas, baseadas no entorno, mesmo assim não geraria uma consciência crítica do desenvolvimento dos valores da matemática dentro da sociedade.

Em particular, para desenvolver essa consciência com compreensão, é preciso refletir sobre o emprego da matemática nas sociedades do passado, sobre seu emprego na sociedade atual e sobre seu emprego potencial na sociedade do futuro. O componente social citado representa a dimensão histórica completa do desenvolvimento matemático.

Um princípio adequado para esse componente do currículo é o de exemplificar em vez de incluir, que era importante no componente anterior. Desse modo, Bishop defende a relevância de incluir atividades destinadas a desenvolver todos os conceitos estudados. Nesse caso, é necessário abordar, mediante um enfoque exemplificador e paradigmático, o desenvolvimento histórico do conhecimento. Para ele, não ofereceremos às crianças um curso sistemático de história da matemática, mas faremos, por meio de uma eleição acertada de situações paradigmáticas, a interface entre a matemática e a sociedade ser mais bem-manifestada, analisada de uma maneira crítica e, em consequência, mais bem-compreendida. A maneira de fazer as crianças participarem adequadamente nessas situações é usar projetos. O autor define projeto como um trabalho de investigação pessoal empreendida por um aluno, empregando materiais de referência e relatado mediante informe.

Para efeito de ilustração, apresentamos os projetos que tomam como referência as sociedades do passado, do presente e do futuro, e associamos a essas sociedades temas pertinentes para trabalhar com projetos, os quais são importantes para o componente social, segundo Bishop.

A sociedade do passado – Divisão das terras depois das inundações do Nilo. Quanto dura um ano? Construção das pirâmides do Egito. Relógios de água e areia. Primeiras técnicas de navegação. Descoberta do ouro.

A sociedade do presente – Relógios. Competições esportivas. Comprar um automóvel. Seguro de vida. Desenho de edifícios. Pesquisas de opinião. Planificação de novas cidades.

A sociedade do futuro – Disponibilidade de alimentos e de água potável no mundo do futuro. Aquecimento global. Robótica e qualidade de vida. Comparar níveis de vida.

O *componente cultural baseado em investigações* exemplifica o metaconceito da matemática como fenômeno existente em todas as culturas e introduz a ideia técnica de cultura matemática com seus valores básicos de abertura e mistério.

Para completar o currículo de enculturação matemática, é necessário incluir um terceiro componente, qual seja, o componente cultural. Sem dúvida, os componentes simbólico e social transmitirão mensagens importantes sobre o poder das ideias matemáticas no contexto social, porém a criança não aprenderá necessariamente muito acerca da natureza da atividade dentro da matemática, nem acerca da gênese das ideias matemáticas. Até certo ponto, o componente simbólico indica aos alunos quais são as ideias matemáticas que vale a pena conhecer, enquanto o componente social mostra como se utilizam essas ideias. Necessitamos, porém, de outro componente que indique os motivos pelos quais se geraram essas ideias e que refletirão a respeito do que é a matemática.

Para Bishop, esse componente pretende demonstrar a natureza da matemática como cultura, o tipo de relação com as abstrações que têm os matemáticos e o fato de que as ideias matemáticas foram inventadas. Cumpre pensá-la como um veículo para explorar o valor de abertura e combater os sentimentos negativos gerados pelo mistério. De fato, esse componente apresenta dois aspectos diferentes, que têm sido caracterizados como "matemáticas" e "Matemáticas", e separá-los é difícil. Como os dois se ocupam de ideias, simbolismos, conceitos e técnicas, o saber desse componente é bastante diferente do anterior. Em vez de buscarmos uma perspectiva "externa" da matemática, aqui a preocupação é muito mais com os critérios internos.

Para captar o sentido da atividade nesse componente do currículo, Bishop elege o método da investigação e apresenta a proposta segundo a qual o componente cultural do currículo matemático estaria baseado em investigações.

A investigação é semelhante a um projeto, ou seja, é um trabalho extenso e realizado individualmente (ou em grupos pequenos, como nos projetos). Porém, trata-se de um trabalho extenso de caráter matemático, cujo objetivo é reproduzir algumas das atividades dos matemáticos. Uma investigação que apresenta duas fases distintas: a primeira fase é criativa e inventiva, caracterizando-se pela exploração, a análise e o desenvolvimento de ideias matemáticas. A segunda fase se dedica a descrever a atividade realizada durante a primeira fase. A primeira é o "experimento", enquanto a segunda é a reflexão e a comunicação por escrito desse experimento.

Podem surgir, às vezes, investigações de situações que se produzem na aula. Portanto, uma investigação capta os enigmas e os desafios das ideias matemáticas abstratas. Os participantes não se limitam a praticar uma simples técnica: atuam num nível intelectual muito mais elevado, inclusive é sugerido que realmente façam matemática criativa. Uma vez mais, grande parte do êxito do trabalho de investigação depende do professor, de sua percepção e experiência com esse tipo de metodologia, pois ele deverá adaptar a situação a um nível adequado para o aluno e extrair dela o maior número possível de conexões com a própria matemática, com outras áreas do conhecimento e da vida cotidiana dos alunos. Outro aspecto importante das investigações é que elas não têm um ponto final *a priori*. Sempre podemos tomar outra direção que dará origem a outra suposição, e outras questões surgirão. Isso significa que as investigações, bem como os projetos, podem ser adaptadas para satisfazer objetivos individuais e pessoais.

Para efeito de ilustração, apresentaremos algumas propostas de áreas envolvendo as ideias matemáticas, lembrando que, na opinião de Bishop, seria proveitoso que os alunos as investigassem. A primeira parte é a matemática, de cujas fontes em outras culturas os alunos devem se tornar conscientes para apreender a natureza multicultural do pensamento matemático (cultura matemática). A segunda parte contém ideias para investigação da cultura Matemática.

Investigações na cultura matemática – Métodos de contar com o corpo. Contar com os dedos. Sistema de contar de base mista. Mapas de outras culturas. Medidas baseadas no corpo. Análises de jogos de tabuleiro.

Investigações na cultura Matemática – Números figurados (triangular, quadrado etc.). Diferentes demonstrações do teorema de Pitágoras. Números de Fibonacci. Probabilidades experimentais. O triângulo de Pascal.

Conforme Bishop, esses componentes são necessários e suficientes para criar um currículo capaz de oferecer uma enculturação matemática para todos os alunos da educação básica:

> Os aspectos históricos e evolutivos, tal como se oferecem nos componentes social e cultural, asseguram a conservação da herança cultural das Matemáticas. A atenção e as atividades relacionadas com o entorno, os usos sociais no presente e no futuro hipotético e os aspectos criativos das investigações deveriam fazer muito para estimular o desenvolvimento matemático nas gerações futuras. Este currículo também pode servir para reduzir (...) o isolamento das Matemáticas. (Bishop 1999, p. 155; trad. nossa)

O currículo de matemática escolar, com inserção cultural, contribuiria para uma educação que privilegiasse as diferentes culturas e os diferentes saberes matemáticos, institucionalizados ou não. Também seria importante ferramenta para valorizar e manter presente a cultura matemática, mesmo após o período destinado à educação escolar básica.

Educação matemática crítica

A educação matemática crítica tem em Ole Skovsmose um de seus precursores, e seu trabalho nos ajudará a entender melhor como a matemática escolar pode tanto se aproximar de uma educação mais democrática, igualitária e justa quanto contribuir para ela. Com essa intenção, destacamos, no trabalho de Skovsmose, os conceitos-chave de democracia, de conhecimento reflexivo e de ideologia da certeza, por entendermos que se trata de conceitos caros na discussão que nos propomos a fazer neste trabalho.

Segundo Skovsmose (2001), a educação crítica exerce quase toda sua influência em assuntos escolares tanto nas ciências humanas quanto nas ciências sociais, contudo não possui muita influência sobre os assuntos técnicos. Para ele, a ideia geral da educação crítica é a de interpretar o currículo e a educação como uma estrutura normativa; e se a conceituação, do ponto de vista sociológico, das estruturas normativas curriculares mais importantes deve ser efetuada na prática, então a educação crítica tem de ser explicitamente integrada nas ciências exatas e na educação matemática.

Para Skovsmose, a educação crítica tem como um dos principais desafios o desenvolvimento de uma filosofia da tecnologia que seja mais adequada para o gerenciamento e a interpretação da educação técnica, de tal modo que ocorra a integração entre a educação crítica e a educação matemática. Visando a essa integração, Skovsmose propõe aproximar a educação matemática do conceito de democracia,[8] enfocando o problema democrático em uma sociedade altamente tecnológica e tomando como perspectiva básica a educação crítica, que se caracteriza pela *competência crítica*, pela *distância crítica* e pelo *engajamento crítico*. Os três termos-chave estão, respectivamente, relacionados ao envolvimento dos estudantes no controle do processo educativo; à ideia de que tanto o professor como o estudante estabelecerão uma distância crítica do conteúdo da educação (ou seja, os princípios que aparentemente são objetivos e neutros serão investigados e avaliados); e ao fato de que a educação deve ser orientada para problemas contextualizados por situações vivenciadas fora da sala de aula.

---

8. Do ponto de vista de Skovsmose (2001, p. 37), "a democracia não caracteriza apenas estruturas institucionais da sociedade com relação às distribuições de direitos e deveres, [mas também] tem a ver com a existência de uma competência na sociedade (...)".

Ao relacionar a educação matemática com a democracia, Skovsmose (2001, p. 39) o faz com dois argumentos. O primeiro argumento, denominado argumento social de democratização, procura

> (...) identificar um assunto relevante da Educação (matemática) por meio de reflexões sobre possibilidades para a construção e o aperfeiçoamento de instituições democráticas e capacidades democráticas na sociedade, melhorando o conteúdo da educação.

Para o autor, o argumento social de democratização é organizado em torno de três declarações, que evidenciam a relevância das aplicações matemáticas. Essas declarações afirmam que a matemática possui um vasto campo de aplicações, porém pouco exploradas no contexto escolar; que, em virtude das inúmeras aplicações, a matemática tem como finalidade formatar a sociedade, constituindo-se em uma parte integrada e única da própria sociedade.

> Ela não pode ser substituída por nenhuma outra ferramenta que sirva a funções similares. É impossível imaginar o desenvolvimento de uma sociedade do tipo que conhecemos sem que a tecnologia tenha um papel destacado, e com a matemática tendo um papel dominante na formação da tecnologia. (*Ibidem*, p. 40)

A terceira declaração aponta que, para tornar possível o exercício pleno da cidadania, ou seja, dos direitos e dos deveres democráticos, é preciso adquirir aptidão para entender

> (...) os princípios-chave nos "mecanismos" do desenvolvimento da sociedade, embora eles possam estar "escondidos" e serem difíceis de identificar. Em particular, devemos ser capazes de entender as funções de aplicações da matemática. (*Ibidem*)

O segundo argumento, denominado argumento pedagógico da democratização, analisa o processo educacional "entre os muros da educação", enquanto o argumento social o analisa "fora dos muros da educação". Conforme nos indica Skovsmose, o argumento pedagógico também é constituído de três declarações, as quais enfatizam que a socialização da educação matemática caminha, muitas vezes, em direção contrária àquelas descritas nos documentos curriculares.

Conforme esse autor, a primeira declaração afirma que os alunos, ao longo da educação escolar, entram em contato com uma variedade de informações e situações relacionadas ao currículo oficial, ao processo educacional e às tradições dos saberes escolares. A segunda declaração afirma que a educação matemática também possui o seu currículo oculto.

> Frequentemente é estipulado que a educação matemática tem funções importantes em relação ao desenvolvimento epistemológico geral dos estudantes. Enfatiza-se que estudos matemáticos tendem a melhorar as habilidades dos estudantes na estruturação e resolução de problemas lógicos. Porém, os rituais da educação matemática vão em outra direção. (*Ibidem*, p. 45)

Em consonância com Skovsmose, consideramos que os rituais construídos sem a participação efetiva da modelação matemática contribuem para que os alunos aprendam a seguir prescrições explicitamente estabelecidas, como "resolva", "calcule", "efetue", "simplifique" etc. Ainda segundo Skovsmose, "a Educação Matemática socializa (também) numa direção completamente diferente daquela presumida com otimismo em declarações 'oficiais' sobre as potenciais funções epistemológicas da educação matemática" (*ibidem*).

A última declaração, de acordo com o autor, enfatiza que as possibilidades do exercício pleno da cidadania não podem estar relacionadas somente às tradições democráticas institucionalizadas, mas também às atitudes democráticas consolidadas individualmente: "Ações democráticas de nível macro devem ser antecipadas no nível micro. (...) não podemos esperar o desenvolvimento de uma atitude democrática se o sistema escolar não contiver atividades democráticas como o principal elemento" (*ibidem*, p. 46). Para alcançar essa atitude democrática no sistema educacional, o autor considera que o diálogo entre professor e alunos tem um papel relevante.

Conhecimento tecnológico *versus* conhecimento reflexivo

Para Skovsmose, o problema da democracia implica que o conhecimento tecnológico precisa ser desenvolvido ao longo da educação básica. Implica, também, que a educação matemática necessita, cada vez mais, tornar-se parte integrante da tecnologia, visto que, numa sociedade marcadamente tecnológica, a competência matemática constitui parte importante.

Conforme esse autor, a competência democrática baseia-se fortemente no conhecimento reflexivo. Apesar de, na contemporaneidade, a sociedade ser altamente tecnológica, não é o conhecimento tecnológico que é privilegiado, mas sim o reflexivo.

Para Skovsmose, o conhecimento tecnológico é necessário para desenvolver e usar a tecnologia; por isso, não possui a capacidade de predizer e analisar os resultados de sua própria produção, ou seja, não se trata de um conhecimento analítico. Esse conhecimento, desde o seu nascimento, é míope.

O conhecimento reflexivo é baseado em uma perspectiva mais vasta, derivada de significações e compreensões prévias, e é útil para prever, analisar, conjecturar etc. os resultados da produção tecnológica. Apesar de serem conhecimentos de naturezas distintas, tanto o conhecimento tecnológico quanto o conhecimento reflexivo têm estreita relação. Por isso, é importante conhecer aspectos tecnológicos para apoiar as reflexões.

> O conhecimento reflexivo não pode ser analisado em seus componentes tecnológicos. Mesmo que coletássemos todos os pedaços de informação tecnológica, não seríamos capazes de construir reflexões apenas com base nesses pedaços. O conhecimento tecnológico não se dirige a uma autocrítica, nem a uma especificação de tendências alternativas no desenvolvimento tecnológico, daí que

o conhecimento reflexivo não tenha sua base epistemológica nos problemas tecnológicos, mas no modo tecnológico de lidar com eles. (Skovsmose 2001, p. 86)

Segundo Skovsmose, o conhecimento tecnológico é útil para solucionar problemas tecnológicos, ao passo que o conhecimento reflexivo serve de estratégica tecnológica para solucionar esses problemas.

(...) o conhecimento reflexivo não pode ser reduzido a conhecimento tecnológico, [pois] tem natureza diferente. O conhecimento reflexivo não tem suas bases epistemológicas no conhecimento tecnológico e pragmático. Nem pode ser o conhecimento tecnológico reduzido ao conhecimento matemático (...). (*Ibidem*, pp. 59-60)

Da mesma forma, o conhecimento tecnológico se distingue do conhecimento matemático,

[uma vez que o conhecimento matemático] se refere à competência normalmente entendida como habilidades matemáticas, incluindo competências em reproduzir raciocínios matemáticos, teoremas e demonstrações, bem como em dominar uma variedade de algoritmos. Essas competências diferem das habilidades de construção de modelos, isto é, da habilidade em aplicar matemática na busca dos objetivos tecnológicos. (*Ibidem*, p. 86)

A ideologia da certeza

Segundo Borba e Skovsmose (2001), o conhecimento matemático é usado nas relações de poder; mais precisamente, ele serve de apoio ao debate político, além de fazer parte da própria linguagem do poder. Na visão desses autores, a matemática dá a palavra final em inúmeras discussões, e esse poder é amparado por uma ideologia da certeza. A ideologia da certeza, do ponto de vista dos autores, é

(...) uma estrutura geral e fundamental de interpretação para um número crescente de questões que transformam a matemática em uma "linguagem de poder". Essa visão da matemática, como um sistema perfeito, como pura, como uma ferramenta infalível se bem usada, contribui para o controle político. (*Ibidem*, p. 129)

Consequentemente, a matemática tem uma dimensão política que pode ser defendida por meio de afirmações como: "alunos que não aprendem matemática estarão em desvantagem, já que não serão capazes de lidar com a complexidade da sociedade atual; (...) o uso incorreto da informação matemática leva à discriminação racial, sexual e socioeconômica na sociedade (...)" (*ibidem*, p. 128).

Uma saída para diminuir a possível exclusão social provocada pela falta do conhecimento matemático seria, conforme afirmam os autores, utilizar a modelagem matemática para tratar de situações e fenômenos sociais com a intenção de demandar poder aos alunos, utilizando os conhecimentos e saberes matemáticos, que os capacitarão a visualizar a sociedade em que vivem de maneira crítica.

> Poderia ser razoável assumir que esses alunos destituídos de poder seriam capazes de se tornar atores mais críticos na sociedade se tivessem acesso à matemática. Mas, por outro lado, obter acesso à educação matemática sem ser crítico da ideologia da certeza pode reforçar o *status quo*. (*Ibidem*)

Para esses autores, a ideologia da certeza está conectada às ferramentas matemáticas poderosas que são incorporadas à linguagem do poder e que trazem, implicitamente, no seu discurso, as seguintes ideias:

> 1) A matemática é perfeita, pura e geral, no sentido de que a verdade de uma declaração matemática não se fia em nenhuma investigação empírica. A verdade matemática não pode ser influenciada por nenhum interesse social, político ou ideológico.
> 2) A matemática é relevante e confiável, porque pode ser aplicada a todos os tipos de problemas reais. A aplicação da matemática não tem limite, já que é sempre possível matematizar. (*Ibidem*, pp. 130-131)

Segundo Borba e Skovsmose, a primeira ideia trata da generalidade matemática, enquanto a segunda ideia trata da aplicabilidade matemática.

> A ideologia da certeza embrulha essas duas afirmativas juntas e conclui que a matemática poder ser aplicada em todo lugar e que seus resultados são necessariamente melhores que aqueles obtidos sem a matemática. Um argumento baseado na matemática para a solução de problemas reais é, portanto, sempre confiável. (*Ibidem*, p. 131)

Conforme esses autores, a ideia de que a educação matemática também possui um currículo oculto ganha mais força ao supor que a existência e a dependência das ideias (1) e (2) constituem uma ideologia, posto que um conjunto de questões importantes associadas ao grau de confiabilidade é a causa e o efeito das aplicações matemáticas que permanecem implícitas.

> Acreditamos que os seres humanos têm sempre de usar o julgamento quando usam a matemática. A matemática pode ser aplicada a problemas apenas se eles são "cortados" de uma forma apropriada, para se adequar à matemática, e a matemática é "perfeita" apenas quando construímos um contexto suficientemente adequado para essa proposta. (*Ibidem*)

Novamente, o papel do professor, ou melhor, do educador matemático, engajado na visão crítica, é de destaque, na medida em que, ao ensinar o conhecimento matemático, ele precisa ressaltar que não se trata de um conhecimento único e isento de erros e que as simplificações feitas no processo matemático conduzem a resultados enganosos.

> Os alunos deveriam, portanto, ser persuadidos contra ideias como: um argumento matemático é o fim da história; um argumento matemático é superior por sua própria natureza; "os números dizem isto e isto". Acreditamos que a matemática poderia se tornar simplesmente uma maneira possível de olhar o fenômeno e não o caminho. (*Ibidem*, p. 133)

Na opinião de Borba e Skovsmose, à medida que o debate entre a matemática e a tecnologia assume um *status* privilegiado na cena política atual, mais a ideologia da certeza torna-se importante para a sociedade. Isso se deve ao fato de que, a cada dia que passa, a tecnologia se torna mais vital para a vida cotidiana das pessoas. Como a relação entre o conhecimento matemático e o conhecimento tecnológico é muito próxima, a matemática passa a ter um poder formatador nessa sociedade tecnológica, em virtude de ser uma parte importante das questões que governam as sociedades contemporâneas: "Por meio de modelos matemáticos, também nos tornamos capazes de 'projetar' uma parte do que se torna realidade. Tomamos decisões baseados em modelos matemáticos, e, dessa forma, a matemática molda a realidade" (*ibidem*, p. 135).

Para Borba e Skovsmose, o poder formatador da matemática distinguirá o seu potencial descritivo, uma vez que "a descrição levanta questões de exatidão, [e] a formatação enfatiza as ações tomadas com o objetivo de enquadrar fenômenos. O lócus de discussão dos poderes descritivos é diferente do lócus de discussão dos poderes formatadores" (*ibidem*, p. 146). Por conseguinte, para os autores, ao se pensar a respeito do papel formatador da matemática, pensa-se na modelagem matemática como ferramenta para delinear, experimentar, organizar, analisar e conjecturar projetos.

Segundo esses autores, a relação entre a ideologia da certeza e o poder formatador da matemática dificulta as crendices sobre o fato de que a matemática é um corpo neutro de conhecimentos imune às influências sociais, econômicas e políticas.

> A descrição pode ser acurada ou não e, nesse sentido, ainda fazemos referência (implícita) à noção de verdade. Mas, quando levamos em conta o poder formatador da matemática, a discussão tem a ver com funções sociais da tecnologia, e a questão fundamental diz respeito ao valor do que estamos fazendo. Nesse caso, a matemática não é sempre relevante e confiável. Focalizando o poder formatador da matemática, as duas hipóteses básicas contidas na ideologia da certeza são desafiadas. (*Ibidem*, pp. 147-148)

Por fim, contrapor-se ao pensamento hegemônico da certeza implica estabelecer resistência contra o poder formatador da matemática.

As questões apresentadas até agora a respeito da educação matemática crítica, em nossa concepção, subsidiam o debate em torno da relação que entendemos ser dialética entre a matemática escolar e as relações na sociedade e na escola que promovem a opressão, o constrangimento e a exclusão etc. Concordamos com Skovsmose quando afirma que a educação matemática crítica expressa as preocupações a respeito de quais são os papéis sociopolíticos, e também culturais, que a educação matemática pode desempenhar na sociedade contemporânea. Concordamos, ainda, com sua tese de que o lugar privilegiado que ocupa a matemática escolar no currículo pode significar tanto *empowerment* quanto submissão; tanto inclusão quanto exclusão e discriminação.

> Educação Matemática pode significar tanto *empowerment* quanto *disempowerment*. Não há, na Educação Matemática, uma clara linha mestra mediante a qual seja possível garantir os efeitos de sua aplicação; muito pelo contrário, a Educação Matemática pode degenerar em versões ditatoriais e dar guarida a aspectos problemáticos de qualquer ordem social. (...) Contudo, a Educação Matemática também pode contribuir para a criação de uma cidadania crítica e reforçar ideais democráticos. Os papéis sociopolíticos [e cultural] da Matemática não são determinísticos e preestabelecidos. (Skovsmose 2008, p. 105)

O posicionamento de Skovsmose confirma a nossa ideia de que a educação matemática pode servir tanto aos propósitos dos grupos dominantes, daqueles que sempre foram ouvidos, quanto aos dos grupos dominados, daqueles que sempre foram silenciados. Mais uma vez, cabe ao educador matemático, e à comunidade de educadores matemáticos, o papel de dirimir o poder negativo que é atribuído à matemática escolar, poder esse que normalmente exclui os menos privilegiados e inclui os mais afortunados.

Modelagem matemática

Quando dizemos que, para se tornar significativo para o aluno, o ensino de matemática deve valer-se de situações cotidianas ou de situações relacionadas a outras áreas do conhecimento, estamos, de uma maneira ou de outra, afirmando que, por meio da matemática, é possível modelar, testar e resolver situações cotidianas e de outras áreas do conhecimento. Associar a matemática escolar às aplicações práticas tem sido uma das finalidades do ensino de matemática, na educação básica, no decorrer do século passado e no começo deste.

A discussão pertinente é como estabelecer essa relação da matemática escolar com situações, problemas e fenômenos associados a outras áreas do conhecimento e da vida cotidiana. Acreditamos que uma das possibilidades de alcançar essa finalidade, sem, no entanto, banalizar os conhecimentos envolvidos na situação de ensino construída e construir situações artificiais, é por meio da modelagem matemática. Acreditamos, ainda, que o fato de estabelecer as relações entre a matemática escolar e as demais áreas do conhecimento e da vida cotidiana não serve para justificar a importância dos saberes matemáticos na educação escolar, mas para desenvolver, entre outras habilidades e competências, o pensamento crítico, a leitura e a interpretação do mundo exterior à escola, com o auxílio do conhecimento matemático.

A seguir, faremos algumas considerações a respeito da modelagem matemática e das relações entre a modelagem e a educação matemática, voltando à discussão envolvendo as contribuições da modelagem para a formação de um aluno mais crítico. Do mesmo modo que Barbosa (2001a), utilizaremos, no lugar da expressão "modelagem matemática", apenas a palavra "modelagem", ficando, assim, implícito o adjetivo "matemática", simplesmente para evitar as frequentes repetições da expressão.

A modelagem, segundo Bassanezi (2002), pode ser caracterizada tanto como um método científico de pesquisa quanto como uma estratégia de ensino-aprendizagem, e, por isso, deve ser trabalhada pela ótica da matemática aplicada e/ou da educação matemática. Interessa-nos, neste livro, estudar as perspectivas da modelagem no âmbito da educação matemática, que têm, nas últimas décadas, despertado o interesse e a atenção de professores e pesquisadores nacionais e internacionais.

Para Barbosa (2001a), a modelagem é um ambiente de aprendizagem[9] no qual os alunos são convidados a indagar e/ou investigar, por meio da matemática, situações com referência na realidade. Segundo ele, uma das tarefas do matemático aplicado consiste na abordagem matemática dos problemas postos por outras áreas, e, por isso, o primeiro passo do matemático é esclarecer o que se deseja saber e colocar-se a par dos conceitos e variáveis que sustentam a situação-problema. Faz-se necessário selecionar os fatores considerados relevantes e assumir alguns pressupostos. Trata-se da simplificação da situação-problema para possibilitar sua abordagem. Daí procura-se relacionar essas variáveis por meio de conceitos matemáticos. Segundo Bassanezi (1994a), Cross e Moscardini (1985) e Edwards e Hamson (*apud* Barbosa 2001a), a representação ideal, em termos matemáticos, de certos aspectos da situação real chama-se modelo matemático, e seu processo de construção denomina-se modelagem matemática. Segundo Berry e Houston (*apud* Barbosa 2001a), chamamos de modelagem matemática todo processo de abordagem de um problema real, incluindo a formulação do modelo, cujo objetivo é a resolução do problema.

Um modelo matemático é formulado para resolver um problema. Assim, segundo o autor, com base no modelo matemático, elabora-se um problema que, se possível, será resolvido pelas teorias matemáticas conhecidas. A solução é trazida de volta para a situação real para ser interpretada. A validação, se possível, será feita por meio dos dados reais, empíricos. Procura-se verificar o significado e a qualidade da solução obtida na situação-problema. Se a solução for julgada satisfatória aos propósitos do modelador, seus resultados são comunicados; se não,

---

9. Ambiente de aprendizagem é uma noção apresentada por Skovsmose (2000) e, segundo Barbosa (2001a), refere-se às condições nas quais os alunos são incentivados a desenvolver determinadas atividades.

retorna-se ao trabalho realizado, verificam-se os cálculos, as relações estabelecidas ou as simplificações feitas no início do processo.

De acordo com Barbosa (2001a), vários esquemas foram elaborados na tentativa de explicar o processo de modelagem; um deles, proposto por Bassanezi, é ilustrado a seguir.

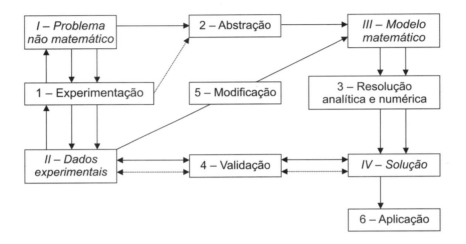

A modelagem consiste na arte de transformar problemas da realidade em problemas matemáticos e resolvê-los interpretando suas soluções na linguagem do mundo real. É um processo dinâmico utilizado para a obtenção e a validação de modelos matemáticos. É uma forma de abstração e generalização com a finalidade de previsão de tendências.

Modelagem matemática na educação matemática

Segundo Barbosa (2001a), o debate sobre a incorporação das aplicações e da modelagem ao ensino de matemática retrocede às primeiras décadas do século XX, quando matemáticos puros e aplicados discutiam maneiras de ensinar a matemática. Niss (*apud* Barbosa 2001a) identifica esse movimento como utilitarista, destacando nele a utilidade da matemática para a ciência e a sociedade como a razão de ser do ensino. Do ponto de vista desse movimento, a matemática escolar não deveria preservar suas fronteiras artificiais, ficar fechada no seu campo disciplinar, mas transpô-las. A influência do movimento utilitarista deu-se de maneira diferente nos currículos, uma vez que os níveis mais elementares de escolaridade incorporaram aplicações do cotidiano, nomeadamente no contexto da aritmética e da geometria, o que não ocorreu em outros níveis.

Para Barbosa, esse movimento almeja os aspectos matemáticos e técnicos referentes ao saber aplicar. A ideia das aplicações apresentava uma visão pragmática do conhecimento matemático e da maneira de formar matematicamente as pessoas. Os anos seguintes assistiram ao Movimento da Matemática Moderna abrandar o discurso utilitarista. Segundo Niss (*apud* Barbosa 2001a), não se tratou de um desprezo pelas aplicações; todavia, os "modernistas" acreditavam que o domínio das estruturas matemáticas habilitaria as pessoas para trabalhar com situações não estruturadas. Na prática, porém, a ênfase demasiada nas estruturas matemáticas acabou por secundarizar suas aplicações. Em meados dos anos 1960, os problemas decorrentes da modernização do ensino de matemática culminaram na reivindicação, por parte da comunidade escolar, de um ensino de matemática mais contextualizado, aplicado. As aplicações da matemática ganharam destaque principalmente pela emergência do computador. A modelagem passou a ser estreitamente associada ao desenvolvimento econômico-tecnológico.

Um movimento em defesa das aplicações e da modelagem no ensino de matemática

Breiteig, Huntley e Kaiser-Messmer (*apud* Barbosa 2001a) consideram um marco importante para esse movimento o Lausanne Symposium, em 1968, que apresentou como tema "Como ensinar matemática de modo que seja útil". O simpósio sublinhou a utilização das estruturas matemáticas na realidade como o maior objetivo do ensino de matemática. Isso não significa o ensino de aplicações prontas, mas a habilidade para *matematizar* e modelar problemas e situações fora da matemática. A modelagem, então, é vista como um modelo pelo qual se podem abordar as diversas situações da vida. Aliada a essa visão pragmática está a crença em que, dessa maneira, os alunos aprenderiam e se interessariam pelo estudo da disciplina.

No que tange ao cenário nacional, o movimento de modelagem matemática na educação matemática está ligado aos trabalhos de um grupo de professores do Instituto de Matemática, Estatística e Computação Científica (Imecc) da Universidade Estadual de Campinas (Unicamp), que teve como diretor o professor Ubiratan D'Ambrosio. Ele utilizava, na década de 1970, o método com os alunos de iniciação científica em algumas disciplinas da área de matemática aplicada. É, contudo, no início dos anos 1980, com as influências dos estudos socioculturais conduzidos por esse professor, que o movimento começa a se consolidar, sob a liderança do professor Rodney Bassanezi (Unicamp). Para D'Ambrosio (*apud* Barbosa 2001a), como implicação desses estudos, não haveria outra alternativa a não ser incorporar aos programas aquilo que chamamos de etnomatemática.

Bassanezi (*apud* Barbosa 2001a) assinala que o movimento de modelagem, no Brasil, procura tomar a etnomatemática, sua interpretação e contribuição, como sistematização matemática. Do ponto de vista curricular, a proposta esboçada era a de abordar a matemática partindo do contexto sociocultural dos alunos.

Conforme indica Barbosa, em 1983, a ideia foi materializada pela primeira vez num curso de especialização para professores em Guarapuava (PR), por Bassanezi. Mais tarde, Bassanezi introduziria, nas suas aulas de cálculo, a proposta da modelagem matemática. A partir de 1990, a proposta de modelagem no ensino de matemática expandiu-se para outros níveis de escolaridade, despertando o interesse de diversos educadores matemáticos.

Apesar da expansão da proposta de modelagem para outros níveis de escolaridade, Barbosa considera que há uma relativa distância entre as pesquisas sobre modelagem e o currículo da matemática da educação básica. As experiências curriculares com modelagem são pontuais, o que significa dizer que os currículos são resistentes à modelagem e também que ela não se aproximou suficientemente dos currículos, visto que, para que isso ocorresse, seria preciso oferecer referenciais práticos e teóricos.

Para Bassanezi 1994a e Blum e Niss (*apud* Barbosa 2001a), o movimento de *modelagem* tem pautado sua argumentação em cinco pilares, que destacam as consequências do uso da *modelag*em no currículo:

- o argumento formativo, que desenvolve habilidades gerais de exploração, criatividade e resolução de problemas;
- o argumento da competência crítica, que habilita o aluno a reconhecer, compreender, analisar e avaliar exemplos de usos da matemática na sociedade;
- o argumento da utilidade, que prepara o aluno para utilizar a matemática em diferentes áreas;
- o argumento intrínseco, que permite ao aluno perceber uma das facetas da matemática;
- o argumento da aprendizagem, que promove motivação e relevância para o envolvimento e a aprendizagem do aluno nas tarefas escolares de matemática.

Bassanezi (1994a), baseado nos estudos de etnomatemática, acrescenta à lista o argumento da alternativa epistemológica, que desenvolve a percepção do caráter cultural da matemática, pelo fato de que, para Barbosa (2001b), no Brasil, a modelagem está ligada à noção de trabalho de projeto. "Trata-se de dividir os alunos em grupos, os quais devem eleger temas de interesse para serem investigados por meio da Matemática, contando com o acompanhamento do professor" (Barbosa, 2001b, p. 1).

Barbosa considera que o uso da modelagem no Brasil tem um caráter fortemente marcado pelas dimensões antropológicas, políticas e socioculturais, em virtude, principalmente, do fato de as atividades modeladas privilegiarem o entorno social e cultural dos estudantes.

Assim, a modelagem assume uma perspectiva sociocrítica, proposta por Barbosa, que se diferencia das perspectivas pragmática e científico-humanista, identificadas por Kaiser-Messmer (*apud* Barbosa 2001b).

Para Barbosa (2003), a perspectiva pragmática propõe o uso da modelagem para estimular habilidades de resolução de problemas, levando em consideração situações do cotidiano e da futura profissão dos alunos. Os conhecimentos e os saberes matemáticos devem ser escolhidos por sua aplicabilidade prática nas questões da sociedade.

Na perspectiva científico-humanista, Kaiser-Messmer (*apud* Barbosa 2003) afirma que as atividades de modelagem servem para desenvolver tópicos matemáticos previstos no programa. Por essa perspectiva, o ensino de matemática é fortemente marcado pela inexistência de aplicações, por sua relação direta com a matemática pura. Na perspectiva sociocrítica, as atividades abrangem, além dos conhecimentos matemáticos e de modelagem, também o conhecimento reflexivo, o qual segue a linha da educação matemática crítica, discutida anteriormente.

As atividades de modelagem incluídas na perspectiva sociocrítica são consideradas um instrumento de indagação e questionamento das situações reais por intermédio de métodos matemáticos, evidenciando, assim, o caráter cultural e social da matemática. Barbosa (2003) afirma que a ênfase está na compreensão do significado da matemática no contexto geral da sociedade.

Compartilhamos da perspectiva proposta por Barbosa, por acreditarmos que seja essa a que mais se aproxima das discussões realizadas neste livro. Segundo Orey e Rosa, a dimensão sociocrítica da modelagem tem como base a teoria sociocultural e a teoria do conhecimento social, relacionando-se com a perspectiva emancipatória e com o aprendizado transformativo, que está associado à teoria crítica. Em linhas gerais:

A ênfase da teoria Sociocultural é o aprendizado da socialização, pois o conhecimento é construído quando os alunos trabalham em grupos socializando a aprendizagem. (...) é pela interação social com os diversos indivíduos de um determinado grupo cultural que o aprendizado é desencadeado e estabelecido. (Orey e Rosa 2007, p. 199)

Orey e Rosa consideram que os estudos desenvolvidos por Habermas, a respeito das teorias crítica e do conhecimento social, afirmam a pertinência do contexto social na aprendizagem dos estudantes, uma vez que privilegiam o desenvolvimento do pensamento crítico nos alunos, pretendendo com isso mostrar aos alunos como as práticas discursivas regulam as suas vidas: "Essa análise ocorre mediante estratégias intelectuais de capacitação como, por exemplo, a comunicação interpessoal, o diálogo, o discurso, os questionamentos críticos e a proposição de problemas extraídos da comunidade" (*ibidem*).

Nesse sentido, as consequências das ações sociais sobre o conhecimento interferem no processo de aprendizagem dos sujeitos no entorno social. Conforme Orey e Rosa, o conhecimento produzido pelos alunos é influenciado, em parte, pelos interesses que os motivam. No que se refere à abordagem emancipatória, para esses autores, ela direciona os objetivos educacionais de modo que se privilegiem os temas que se aproximam de uma perspectiva sociopolítica, exercendo influência direta nas práticas pedagógicas utilizadas no sistema educativo. Assim, o processo de ensino e aprendizagem deve ser dirigido de tal forma que possa fabricar sujeitos flexíveis, adaptáveis, reflexivos e criativos. Tomando-se como base essas considerações, Orey e Rosa (2007) aproximam a perspectiva emancipatória das dimensões socioculturais da matemática, mais especificamente da etnomatemática, que, conforme mencionado, possui uma estreita relação com a modelagem como metodologia de ensino.

(...) a Modelagem é uma metodologia que inclui a análise crítica e o estudo da natureza histórica sobre as representações dos sistemas que podem ser, muitas vezes, de natureza Etnomatemática. (...) Este aspecto enfatiza o papel da matemática na sociedade e reivindica a necessidade de analisar qual é o papel do pensamento crítico sobre a natureza dos modelos e sobre a função da Modelagem na resolução dos desafios cotidianos. (*Ibidem*, p. 201)

Em relação ao aprendizado transformativo, esses autores consideram que a modelagem desenvolvida pela perspectiva sociocrítica permite aos alunos ampliar sua autonomia, propiciando a leitura e a inserção na sociedade de modo mais crítico, visando ao pleno exercício da cidadania. Por isso, a relação entre o caráter transformador da aprendizagem e a modelagem se encaixa perfeitamente. Para Orey e Rosa, a perspectiva discutida por Barbosa

> (...) fundamenta-se na compreensão e no entendimento da realidade na qual os alunos estão inseridos pela reflexão, análise e ação crítica sobre a realidade. (...) a dimensão sociocrítica da Modelagem busca a explicação sobre os modos distintos de se trabalhar com a realidade. Assim, refletir sobre a realidade torna-se uma ação transformadora que procura reduzir seu grau de complexidade permitindo aos alunos explicá-la, entendê-la, manejá-la e encontrar soluções para os problemas que nela se apresentam. (*Ibidem*)

Em nosso trabalho, utilizamos a modelagem matemática como uma metodologia de ensino por sua proximidade com a etnomatemática e a educação matemática crítica. Acreditamos que essa combinação contribui, fortemente, para o desenvolvimento do conhecimento matemático, sem superficialidades e banalizações, e para o desenvolvimento do pensamento reflexivo, pensamento esse tão caro à etnomatemática e à educação matemática crítica que, com o auxílio da modelagem, pode ser evidenciado.

A proposição e a elaboração de situações de ensino contemplando esses três estudos evidenciam, sobremaneira, o caráter cultural, político e sociocrítico da matemática escolar.

Aproximando ideias

Após a apresentação desses estudos, pretendemos alinhavar algumas ideias envolvendo os estudos citados no item anterior. Inicialmente, gostaríamos de justificar a não inclusão, neste debate, da enculturação matemática, por entender que as ideias contidas na etnomatemática abarcam as ideias nela propostas. Não se trata de estudos iguais, mas tanto um quanto o outro privilegiam as dimensões cultural e política da matemática. Entendemos que a enculturação matemática dá um passo à frente em relação à etnomatemática, quando propõe um currículo de matemática com inserção cultural, o que não é feito pela etnomatemática; contudo, do ponto de vista teórico, as ideias contidas na enculturação matemática são apropriadas da etnomatemática.

Na parte final deste livro, trataremos, com mais detalhe, da enculturação matemática. Por ora, nossa atenção se voltará para os outros três estudos.

Outro ponto que julgamos necessário esclarecer está relacionado ao modo como estamos olhando para a modelagem matemática. Nossa escolha por esses e não por outros estudos em educação matemática deve-se ao fato de considerarmos que a modelagem ocupa um espaço de destaque quando utilizada como metodologia de ensino, justamente por sua forte relação tanto com a etnomatemática quanto com a educação matemática crítica. Para Caldeira (2009), mais do que um método de ensino-aprendizagem, a modelagem matemática é um novo conceito de educação matemática. Para nós, essa ideia se evidencia quando utilizamos a modelagem matemática em consonância com a etnomatemática e com a educação matemática crítica. A ideia principal é adotarmos "práticas pedagógicas que permitam aos alunos analisar criticamente os problemas que os rodeiam e que também os auxiliem a promover a justiça social [e cultural] na sociedade contemporânea" (Orey e Rosa 2007, pp. 197-198).

Conforme nos indicam Orey e Rosa (2003), em termos políticos, a etnomatemática se aproxima dos fatos e das práticas marginalizadas, principalmente dos oprimidos, dos vencidos, dos que vivem em guetos;

em termos formativos e educativos, a etnomatemática vincula-se ao pensamento matemático sofisticado, com o intuito de desenvolver habilidades e competências matemáticas, bem como compreender os saberes-fazeres matemáticos.

> Assim, se um sistema matemático é utilizado constantemente por um determinado grupo cultural como um sistema baseado numa prática cotidiana que é capaz de resolver situações-problema reais, este sistema de resolução pode ser descrito como Modelagem. Neste processo, ambos, a matemática convencional e o sistema de pensamento matemático de um determinado grupo cultural, podem ser utilizados. (*Ibidem*, p. 2)

Em consonância com esses autores, consideramos que a modelagem matemática é vista como um processo etnomatemático, pois, além de se preocupar com a resolução de situações-problema, busca compreender como o estudante pode usar os saberes matemáticos não institucionalizados para solucionar problemas da sua vida cotidiana. A modelagem também busca compreender o que é matemática e como seus saberes-fazeres etnomatemáticos, por meio dos sistemas de representação, atuam na subjetividade dos sujeitos das diferentes culturas, fortalecendo suas identidades e contribuindo para o desenvolvimento do respeito às diferenças e da não submissão à cultura dominante.

> Assim, o Programa Etnomatemática propicia o fortalecimento das raízes culturais presentes nestes grupos enquanto que as técnicas da Modelagem Matemática proporcionam a contextualização da Matemática acadêmica, fortalecendo condições de igualdade para que os indivíduos possam atuar no mundo globalizado. (*Ibidem*, p. 3)

De acordo com esses autores, a etnomatemática, ao privilegiar os saberes-fazeres matemáticos das culturas, ao modelar problemas, põe o aluno em contato com a matemática institucionalizada e a matemática não institucionalizada: "Neste contexto, a modelação matemática atua como uma ponte entre a etnomatemática e a matemática acadêmica, que será requerida nas atividades que estão presentes na sociedade contemporânea" (*ibidem*, p. 13).

Acrescentamos ao debate envolvendo a etnomatemática e a modelagem matemática a educação matemática crítica, por entender que essa combinação traz benefícios ao ensino de matemática, na medida em que aproxima e evidencia o caráter político, social e cultural da matemática escolar.

Segundo Passos (2008), o papel desempenhado pela linguagem matemática, em diferentes estratos da sociedade, sejam eles culturais, políticos ou sociais, é o principal elo entre a etnomatemática e a educação matemática crítica, e também a modelagem matemática, conforme a concebemos neste estudo. A linguagem é uma ferramenta utilizada tanto para a ampliação da visão de mundo, quanto para o desenvolvimento do *empowerment*.

> Segundo meu ponto de vista, os significados subjacentes à palavra *empowerment*, que estão relacionados à capacidade de ter uma visão crítica do mundo a partir de seu potencial criativo, no sentido de dinamizar a potencialidade do sujeito, representam, igualmente, a sua capacidade de ampliar a visão de mundo, direcionando novos ângulos à realidade e, conseqüentemente, novas posturas frente aos conhecimentos matemáticos. (Passos 2008, p. 74)

Acreditamos, como Passos, que o fortalecimento da identidade cultural dos indivíduos, como seres autônomos e capazes, por meio do dispositivo etnomatemático, em consonância com a modelagem matemática e com o desenvolvimento da competência democrática, defendida pela educação matemática crítica, traria contribuições significativas para um determinado grupo social. Desse modo, o pleno exercício da cidadania em uma sociedade democrática dar-se-ia por meio da atuação direta dos indivíduos nessa sociedade, identificando, respeitando e valorizando os diferentes estratos da sociedade em que os saberes matemáticos estão presentes.

Currículo, cultura e educação matemática 201

Considerando essas premissas, a articulação do caráter político da etnomatemática e da educação matemática crítica pode subsidiar a discussão sobre como o ensino da matemática atua na inculcação de ideias que fortalecem o papel formatador e, muitas vezes, não crítico do conhecimento matemático. Nessa perspectiva, o conhecimento matemático deveria ser entendido como um conhecimento que, ao modelar situações, experimentos e fenômenos da vida cotidiana, traz, para o ambiente da sala de aula, questões importantes da sociedade contemporânea e, por consequência, prepara os alunos para lidar com essas questões com criticidade, ao depararem com elas em um futuro próximo e fora dos muros da escola.

Concordamos com Passos que há uma complementaridade envolvendo a abordagem política desenvolvida pela etnomatemática e pela educação matemática crítica que conduz ao desenvolvimento de um cidadão mais crítico em relação às questões pulsantes da sociedade em que vive

> (...) na medida em que os diferentes contextos culturais (e sociais), ao se fortalecerem a partir do aspecto político [da etnomatemática e da educação matemática crítica], fornecem subsídios para o fortalecimento (ou seja, para a mudança de postura dos indivíduos em suas relações com a sociedade) da estrutura social na qual estão inseridos. (*Ibidem*, p. 76)

Reforçamos a ideia de que as atividades de modelagem matemática, quando desenvolvidas de acordo com a perspectiva da educação matemática crítica, são um instrumento de indagação e questionamento de situações-problema do mundo real, intermediadas pelos métodos matemáticos que explicitam o caráter cultural, social e reflexivo do conhecimento matemático.

CONSIDERAÇÕES FINAIS: O CURRÍCULO DE MATEMÁTICA EM PERSPECTIVA

Este capítulo tem como objetivo retomar e discutir as perguntas que nortearam este livro: Que emergências discursivas são possíveis com base na articulação entre o saber escolar matemático, a cultura e algumas ideias do campo do currículo, como poder, resistência e política? Quais são os aspectos epistemológicos que deveriam fundamentar a construção do currículo da disciplina escolar matemática?

Desenvolvemos nossas reflexões com o intuito de entender como o conhecimento matemático, considerado legítimo e representante do pensamento e da cultura dominantes, hegemônicos, é usado na sociedade contemporânea e como se manifesta nas relações de poder. O intuito é também compreender como as práticas sociais, políticas e econômicas interferem na construção e na organização do currículo da matemática da educação básica.

O estudo por nós realizado teve como ponto de partida a discussão sobre os lugares privilegiados dos conhecimentos científicos e de outras naturezas, por meio de uma análise das teorias tradicional, crítica e pós-crítica do currículo.

Para tanto, inicialmente, apresentamos algumas concepções acerca de como o saber escolar é construído, por meio das disciplinas escolares. Fizemos essa reflexão com base nos trabalhos de Chevallard e Chervel, que analisamos à luz da nova história da ciência, pelo olhar de Valente. Na sequência, apresentamos algumas ideias sobre as teorias, tradicional, crítica e pós-crítica, do currículo, em consonância com o entendimento que essas teorias têm acerca da centralidade ou não das disciplinas escolares. Retomaremos, aqui, as discussões realizadas a respeito da importância das disciplinas escolares no seio das diferentes teorias curriculares.

As disciplinas escolares, independentemente da época, sempre conduziram as discussões envolvendo a organização curricular. No entanto, nos últimos anos, parece-nos que tal centralidade tem sido colocada em segundo plano, principalmente, acreditamos, no instante em que as discussões realizadas na área do currículo se tornam mais teóricas, uma vez que o currículo passa a ser o principal objeto de estudo e não um instrumento para analisar a educação escolar e as disciplinas escolares. Em contrapartida, não privilegiado neste livro, cresce o interesse pela história das disciplinas escolares, descolada da história do currículo e das teorias curriculares.

Inicialmente, concentraremos as nossas atenções nas teorias curriculares estudadas aqui, e que consideram as disciplinas centrais no desenvolvimento do currículo. Posteriormente, analisaremos a não centralidade das disciplinas escolares na teoria curricular pós-crítica.

As disciplinas escolares, para nós, sempre estiveram à frente das discussões envolvendo a organização escolar. Em um primeiro momento, com o propósito de valorizá-las em si mesmas, pois, sendo representantes "genuínas" da herança cultural, aprendê-las seria o suficiente para conhecer o que fora deixado como cultura geral. A partir, mas não somente, da massificação da educação,[1] estimulada pelo

---

1. A universalização e o direito à educação, na contemporaneidade, representam uma luta dos cidadãos para além da necessidade de formação de mão de obra qualificada. Há pressão, e, em razão disso, o sistema de ensino se expande.

crescimento acelerado do capitalismo por meio da industrialização, e pela consequente busca por mão de obra qualificada (para os padrões da época), as disciplinas escolares, principalmente as ciências (biologia, física e química) e a matemática, passam a exercer um papel mais importante, segundo esse paradigma educacional, para os propósitos do ensino voltado para a eficácia. As disciplinas passam a ser importantes não por ser representantes de uma herança cultural de outrora, mas por sua utilidade para o modelo econômico vigente. Nesse modelo curricular, entendido por nós como "tradicional", as disciplinas escolares relacionadas às humanidades e às artes exercem um papel coadjuvante quando analisadas do ponto de vista de sua utilidade no modelo de sociedade da época. As humanidades e as artes não produzem, da mesma forma que a matemática e as ciências naturais e biológicas, ciências que podem criar tecnologia. Não entraremos nessa polêmica, pois precisaríamos produzir outro livro para discutir tal questão.

Como abordado anteriormente, as disciplinas escolares, no paradigma tradicional, têm caráter de neutralidade, não privilegiando, de modo geral, qualquer classe, gênero e raça. Geralmente, por mais que os modelos sejam consistentes e hegemônicos, em determinado momento, surgem, inevitavelmente, outros modelos com o intuito de ameaçar, tomar o lugar ou mesmo dividir o espaço com os vigentes. Assim, o crescimento dos modelos anticapitalistas contribuiu, mas não somente, do ponto de vista educacional, para a contestação do caráter de neutralidade da educação, da escola, do currículo e, consequentemente, das disciplinas escolares. As disciplinas ciências e matemática assumem o *status* elevado de conhecimento legítimo, representante do pensamento e do grupo dominantes, enquanto as demais disciplinas escolares assumem um *status* menos elevado.

A contestação da neutralidade atribuída ao corpo educacional, com o crescimento do descontentamento, o questionamento do modelo capitalista como único, soberano, e o nascimento da Escola de Frankfurt e, por consequência, da Teoria Crítica, colaborou para a instalação de um novo modelo teórico educacional e curricular, entendido por nós como crítico. Nesse modelo, não ocorrem apenas críticas ao modelo vigente, há também tentativas de quebra do paradigma educacional vigente, mostrando que a educação escolar não é apenas reprodutora de capital cultural, mas também produtora desse capital; que a escola não é apenas o aparelho ideológico do Estado, mas também uma arena de luta, contestação e resistência contra-hegemônica; que as disciplinas escolares, sejam elas quais forem, podem ser organizadas privilegiando mais o conflito do que o consenso, representando a herança cultural tanto dos vencedores quanto dos vencidos, podendo ser fins em si mesmas, mas também instrumentos para ler, analisar e interpretar o mundo e a sociedade atuais, bem como outras áreas de conhecimento.

Consideramos que as disciplinas escolares, tanto no paradigma tradicional como no paradigma crítico, são centrais para pensar a organização curricular por serem, dentre outros motivos, teorias que se contrapõem não em suas estruturas, mas em suas ideologias. O que muda de um paradigma para outro é a maneira de ler a educação escolar, de entendê-la como o lugar onde saberes, nem um pouco inocentes, são produzidos, carregados de ideologia, de pensamentos hegemônicos e contra-hegemônicos e de relações de poderes e contrapoderes. Para nós, sob a influência do pensamento foucaultiano, todo saber conduz às relações de poder, bem como todo poder é produtor de saberes. "(...) saber e poder se implicam mutuamente, [pois] não há relação de poder sem a constituição de um campo de saber, como também, reciprocamente, todo saber constitui novas relações de poder" (Machado 1979, p. xxi).

Segundo nossa concepção, os paradigmas críticos e pós-críticos do currículo se aproximam quando trazem para o debate, no campo dos saberes produzidos na escola, a questão do poder, principalmente a abordagem pós-crítica, que tem nos estudos foucaultianos uma importante referência. Na mesma linha da teoria curricular crítica, a teoria pós-crítica rejeita a neutralidade concebida ao corpo educacional.

Diferentemente das outras duas correntes teóricas do currículo aqui estudadas, a concepção pós-crítica considera que o currículo é uma prática de regulação social, cujas formas de conhecimentos, presentes nele, têm como função regular e disciplinar o indivíduo, ou seja, o currículo possui determinadas regras, que são construídas com base nos conhecimentos presentes nele, presentes no cotidiano escolar e, de certa maneira, nas disciplinas escolares, por meio dos quais o sujeito deveria conhecer e disciplinar a si próprio e as suas ações, em vista de interpretar, organizar e atuar na sociedade em que está inserido.

A educação, nessa perspectiva, é entendida como um conjunto de ações que possibilita conduzir os pensamentos dos sujeitos escolares sobre o mundo em geral e deles como participantes ativos desse mundo.

É importante, para nós, destacarmos que os métodos utilizados para consolidar o conhecimento escolar estabelecem os parâmetros de como os indivíduos inquirem, compreendem e organizam seu entorno e a si próprios. A ênfase que damos a essa questão se deve ao fato de entendermos que mais relevante do que nos preocuparmos com quais são os saberes produzidos na escola é questionarmos por quais métodos e como os saberes escolares são apropriados pelos alunos. Como professor e aluno se portam em relação ao conhecimento que é produzido pelas disciplinas escolares? É mais interessante, eficaz, enriquecedor um professor que profetiza e um aluno que escuta passivamente, ou um professor que proporciona situações para que o aluno, ao investigar esse saber, possa se apropriar dele?

Acreditamos que a desconfiança deva ser uma característica pulsante tanto no aluno quanto no professor. No caso do professor, ele precisa desconfiar dos porquês desses e não de outros conhecimentos, métodos de ensino e aprendizagem, finalidades e objetivos da sua disciplina escolar; desconfiar do modo como a sua disciplina se relaciona com as questões do poder, da inclusão e da exclusão dos sujeitos na escola e na sociedade, e com as outras áreas do conhecimento e da vida cotidiana. Já o aluno, desde que seja possível e haja maturidade para isso, deve desconfiar dos porquês de certas disciplinas serem privilegiadas em relação a outras; dos porquês de certos saberes serem preteridos em comparação a outros; precisa analisar se a escola o está educando ou não, seja para a vida em sociedade, seja para o mercado de trabalho, seja para a continuidade dos estudos, seja para regular e disciplinar a si mesmo.

As disciplinas escolares, na perspectiva pós-crítica de currículo, são ferramentas poderosas da regulação social, dado que o currículo é

Currículo, cultura e educação matemática 207

parte das estruturas explicativas dessa regulação. O conhecimento escolar serve de estrutura para entender os interesses sociais introduzidos na escolarização destinados a produzir desigualdades e injustiças; contudo, esse mesmo os conhecimento faz o caminho contrário, ou seja, produz resistência, contrapoderes, a insurreição dos saberes escolares oficiais. Os saberes e os conhecimentos produzidos pelas disciplinas escolares são vistos como uma tecnologia disciplinadora, na medida em que, do mesmo modo que essas disciplinas são técnicas de adestramento, também são produtoras de resistência, contrapoderes.

Nessas circunstâncias, o poder se relaciona diretamente com a logística por trás da fabricação do conhecimento escolar. Como indica Foucault (1979), não há saber que não esteja envolto em relações de poder, nem poder que não esteja vinculado à produção de saberes. Constatamos, com isso, que os saberes e os conhecimentos oriundos das disciplinas escolares não são entidades isentas de parcialidade, como sugerido pela teoria tradicional do currículo.

Como destacado por Gabriel (2010), a epistemologia social enfatizada por Popkewitz, para quem o conhecimento, ao se misturar às instituições, produz relações de poder, pode ser uma janela para confirmar que a posição privilegiada, ou seja, o *status quo*, das disciplinas escolares não foi abalada pelas teorias pós-críticas do currículo. O que nós percebemos é que outras questões foram colocadas à mesa para discutir a educação escolarizada – as questões de gênero, de raça, o multiculturalismo, entre outras –, mas sem deixar de lado o que é dever da escola produzir e direito do cidadão receber, que é o conhecimento, mais do que nunca hibridizado de longa data.

Nossa discussão acerca da centralidade da cultura nas questões envolvendo, sobretudo, a educação escolar, objeto de nossa investigação, deu-se em face de a cultura representar o elo entre as diferentes dimensões que interferem na organização curricular, seja ela federal, estadual, municipal, de uma delegacia de ensino, de uma escola, de um professor ou de uma disciplina. As dimensões por nós consideradas relevantes na organização curricular e transversalizadas pela cultura são a social, a política, a econômica e a educativa. Conforme dissemos anteriormente, a centralidade da cultura não significa torná-la uma variável superior às demais variáveis, mas compreender que ela transita em tudo aquilo que se refere ao social, processo esse que foi caracterizado pela virada cultural, conforme indicado por Hall (1997).

As culturas são organizadas por meio de sistemas ou códigos de significação, que dão sentido às nossas e às demais ações. Em virtude disso, qualquer que seja a ação ou a prática social, ela é cultural, pois expressa ou comunica significados e, por isso, é prática de significação. A discussão do conceito de cultura como prática de significação surge da definição semiótica de cultura sugerida por Geertz.

A abordagem semiótica de cultura, proposta por Geertz (2008), possivelmente, foi motivada pela concepção simbólica de cultura esboçada por White, para quem o homem e a cultura eram inseparáveis, uma vez que a cultura é manifestada pela simbolização e essa, por sua vez, é um tipo de habilidade e de competência inerentes apenas aos seres humanos.

Fruto dessa simbolização, o discurso articulado era entendido por White e Dillingham (2009) como um recurso imprescindível à criação, à ordenação e à regulação de "sistemas sociais". Veiculado pela linguagem, esse discurso possibilita acumular e transmitir o conhecimento, seja ele qual for, permite criar as diferentes instituições sociais, aperfeiçoar continuamente o uso de ferramentas e constituir tradições de crenças, concepções e conhecimentos. Sob essa égide, a cultura, do ponto de vista ideológico, sociológico e tecnológico, depende da simbolização e, consequentemente, do discurso articulado e da linguagem.

Já a concepção semiótica de Geertz assume que, como o homem está amarrado às redes de significados, tecidas por ele mesmo, a cultura é o resultado, ou ainda, o processo de tessitura dessas redes, bem como as análises feitas, *a priori* e *a posteriori*, a partir dessas teias de significados. Consequentemente, a cultura, ou melhor, as culturas são passíveis de investigação interpretativa, ou seja, em busca de significações, e, portanto, não são passíveis de estudos experimentais.

A abordagem da cultura, por meio da semiótica de Geertz, auxilia o acesso à parte mais conceitual dos saberes da nossa sociedade, permitindo nossa inclusão em discussões mais abstratas – logo, distantes do senso comum. Nesse caso, o objetivo é encontrar e selecionar os conceitos que possibilitam denunciar as ações dos indivíduos, ou seja, o "dito" no discurso social, e elaborar um sistema analítico que contribuirá na distinção desses conceitos em relação a outros condicionantes do comportamento humano. Em outras palavras, a teoria semiótica almeja produzir um sumário que explicite o que o ato simbólico tem a declarar sobre si mesmo, isto é, sobre a finalidade da cultura na vida cotidiana.

A concepção formulada por Geertz reconduziu a análise da cultura para o estudo do significado e do simbolismo, destacando como tendência central, no campo antropológico, a interpretação como um procedimento metodológico. Todavia, a abordagem semiótica, ao privilegiar mais o significado do que o contexto em que se insere o poder, fracassou. Como suscitado por Thompson (2009), a abordagem semiótica de Geertz falhou ao não dar a devida atenção aos contextos sociais estruturados, dentro e por meio dos quais os fenômenos culturais são produzidos, recebidos e repassados. Nessa direção, o autor constrói a abordagem estrutural da cultura, apoiada na concepção semiótica, respeitando, todavia, em sua análise, o fato de que os fenômenos culturais estão imersos em contextos sociais estruturados, o que quer dizer que a estruturação pode se dar por relações assimétricas de poder, por acesso diferenciado a recursos e oportunidades – sejam elas laborais, sociais e/ou educativas –, e por dispositivos institucionalizados de produção, transmissão e recepção das formas simbólicas.

Essa concepção é construída em torno de como se originam e se manifestam os contextos e os processos socialmente estruturados por meio dos quais as formas simbólicas são ascendidas e inseridas; e é analisada tomando-se como referência os traços intencional, convencional, estrutural, referencial e contextual.

Compreendemos que as abordagens simbólica, semiótica e estrutural da cultura são responsáveis diretamente pela ascensão do *status* elevado atribuído à cultura, a partir da década de 1960, com a inauguração da área interdisciplinar dos Estudos Culturais, cujos principais colaboradores foram Raymond Williams e Stuart Hall. Desde então, o capital econômico passa a dividir as atenções da sociedade com o capital cultural.

Para Hall (1997), Eagleton (2005) e outros, a ascensão do capital cultural foi decorrente, principalmente, de fatos associados à busca pela emancipação política, econômica (em partes) e mesmo social e cultural dos povos até então silenciados. Esses fatos ocorrem, para nós, no instante em que os impérios (metrópoles), para manterem, em certa medida, seu poder sobre as colônias, veem-se obrigados a fazer concessões políticas, econômicas, sociais etc.

A cultura passa a exercer um papel de destaque nas discussões envolvendo a estrutura e a organização da vida cotidiana das pessoas; e os processos de alocação e desenvolvimento de recursos econômicos, materiais e imateriais, portanto, assumem uma posição de destaque para pensar também as questões da educação escolar, numa perspectiva diferente daquela em que ela é posta a serviço da educação, para que a escola, por meio de suas disciplinas, transmita-a como capital ou herança. Ela assume um papel de destaque, na medida em que toda prática social, sendo prática discursiva, possui uma dimensão cultural.

Entendemos, com isso, que essa centralidade da cultura nos ajuda a pensar a educação escolarizada privilegiando mais as identidades do que as diferenças, trazendo para as discussões entre as paredes das salas de aulas, das diferentes disciplinas, a questão da pluralidade cultural, religiosa, racial, sexual, econômica, política etc. Essa possibilidade, para nós, pode ser concretizada se tomarmos o currículo escolar também como uma prática cultural, embebida em negociação de posições contraditórias de controle e resistência. Considerar o currículo escolar pela perspectiva da centralidade da cultura pode ser o caminho para montar o quebra-cabeça dos saberes que devem ser privilegiados na educação escolarizada, procurando estreitar as fronteiras não só entre os conhecimentos das diferentes disciplinas escolares, mas também entre esses saberes e os saberes do cotidiano. No entender de Gabriel (2010, p. 240), "trata-se de hibridizar os discursos sobre cultura, conhecimento, poder e currículo para pensar crítica e pós-criticamente a natureza e função do conhecimento escolar e suas imbricações com questões de cultura e poder".

Particularmente, neste livro, nosso interesse foi aproximar essas questões da problemática do currículo da matemática escolar, com o auxílio de alguns estudos da área de educação matemática, tendo como aportes a organização e o desenvolvimento curricular da matemática escolar, ao longo de sua consolidação no século XX. Assim, fizemos esse percurso como uma revisão histórica do desenvolvimento da matemática escolar no Brasil e uma apresentação e discussão de um grupo de estudos, dentro da educação matemática, ao qual nos filiamos para discutir nossas questões norteadoras.

Em relação ao estudo histórico que realizamos, consideramos relevante destacar a importância que o Movimento da Matemática Moderna teve no Brasil, tendo mobilizado sobremaneira a comunidade ligada à matemática escolar, lembrando que, naquele período, a disciplina matemática era ensinada em todos os anos do ensino fundamental. No caso do ensino médio, ele ainda não tinha a configuração atual, tampouco era obrigatório como o ensino fundamental.

Esse movimento, ocorrido durante os anos 1950 e 1960, teve repercussão mundial, dando origem, segundo Bishop (1999), a um novo fenômeno na educação matemática, denominado projeto curricular matemático – um "veículo" experimental destinado deliberadamente a modificar o currículo. O projeto curricular trouxe uma ideia considerada intervencionista e certamente revolucionária no processo educativo. A mudança educativa não era algo que simplesmente parecia suceder ou que estaria submetido a forças externas desconhecidas. Podia-se imaginar, planificar, experimentar e, se obtivesse êxito em uma "prova piloto", era implementado deliberadamente em grande escala.

Antes da época dos projetos curriculares, o principal construto organizador do currículo matemático era o programa, que hoje provavelmente se chamaria "programa para o exame". O programa era, e ainda é em alguns lugares, uma lista que se esperava cobrir durante o ensino. Normalmente, essa lista era ordenada de maneira cronológica ou lógica, isto é, com certa estrutura matemática. O estudo conduzido por Barretto (1995) e que denominamos PCM aponta que, ainda na década de 1990, várias secretarias municipais de Educação adotavam as listas de conteúdos como o currículo da matemática escolar. Acreditamos que esse tipo de situação exemplifique como a matemática escolar atuava como um corpo de conhecimentos neutros, servindo aos ideais dominantes da época.

Na virada curricular dos anos 1980, conforme relatado por Santos (2008), as avaliações críticas feitas em torno do Movimento da Matemática Moderna, conjuntamente com a elaboração dos documentos "Relatório Cockcroft" (do governo britânico) e "Agenda para ação: Recomendações para matemática escolar dos anos de 1980" (do governo norte-americano) e "o reestabelecimento do estado de direito e de desejo de mudança que incluía reformas educacionais" (*ibidem*, p. 2), foram responsáveis pela elaboração de propostas curriculares estaduais e, posteriormente, pela promulgação de uma nova Lei de Diretrizes e Bases da Educação Nacional (9.394/1996), que, dentre outras mudanças, posicionou o ensino médio como a etapa final da educação básica, complementando o aprendizado iniciado no ensino fundamental, e propôs a elaboração dos Parâmetros Curriculares Nacionais (PCNs) tanto do ensino fundamental quanto do ensino médio.

Por serem documentos emblemáticos, parafraseando Santos, destacamos que, tanto nos PCNs do ensino fundamental quanto nos do ensino médio, o conhecimento matemático é uma ferramenta imprescindível para a construção da cidadania, para a valorização da pluralidade sociocultural, para a continuidade dos estudos e para a inserção no mundo do trabalho, mas sem deixar de lado suas características como ciência.

No ensino fundamental, a resolução de problemas é o principal eixo organizador do processo de ensino e aprendizagem do conhecimento matemático; já no ensino médio, os eixos norteadores são a contextualização e a interdisciplinaridade. Em relação aos conteúdos matemáticos, nos dois níveis de ensino, espera-se que haja um equilíbrio entre os temas associados aos diferentes campos da matemática, quais sejam álgebra, aritmética, geometria e tratamento da informação. No que se refere à avaliação, no ensino fundamental, destacam-se as duas dimensões, a social e a pedagógica; já no ensino médio, ela tem um caráter integrador e formativo.

Por fim, nos PCNs do ensino fundamental, o currículo é definido como "a expressão de princípios e metas do projeto educativo, que precisam ser flexíveis para promover discussões e reelaborações quando realizado em sala de aula, pois é o professor que traduz os princípios elencados em prática didática" (Brasil 1998a, p. 49).

No documento do ensino médio, a concepção de currículo adotada evidencia que

> (...) o currículo a ser elaborado deve corresponder a uma boa seleção, deve contemplar aspectos dos conteúdos e práticas que precisam ser enfatizados. Outros aspectos merecem menor ênfase e devem mesmo ser abandonados por parte dos organizadores de currículos e professores. Essa organização terá de cuidar dos conteúdos mínimos da Base Nacional Comum, assim como fazer algumas indicações sobre possíveis temas que podem compor a parte do currículo flexível, a ser organizado em cada unidade escolar, podendo ser de aprofundamento ou direcionar-se para as necessidades e interesses da escola e da comunidade em que ela está inserida. Sem dúvida, os elementos essenciais de um núcleo comum devem compor uma série de temas ou tópicos em Matemática escolhidos a partir de critérios que visam ao desenvolvimento das atitudes e habilidades descritas anteriormente. (Brasil 1999, pp. 87-88)

No que tange aos estudos, eles são marcadamente estruturados pelas dimensões social, político e cultural, as quais estão relacionadas tanto ao processo de ensino e aprendizagem quanto à organização curricular da matemática escolar, esta última foco principal de nossa atenção.

Trata-se, para nós, de estudos que se correlacionam fortemente, pois não são, em hipótese alguma, excludentes, podendo ser trabalhados simultaneamente quando da organização do currículo de matemática escolar. Não partilhamos da ideia de que exista uma receita redentora para construir um currículo escolar de matemática que seja isento de aspectos negativos e positivos. Tampouco acreditamos que somente esses estudos devam fazer parte de um currículo, pois, certamente, têm lugar de destaque, na organização curricular da matemática escolar, a epistemologia, a história, a didática da matemática e as disciplinas de psicologia, sociologia e pedagogia.

O que nos propomos a fazer aqui foi, com base nessas escolhas – quais sejam, da etnomatemática, da enculturação matemática, da educação matemática crítica e da modelagem matemática –, refletir sobre a organização curricular da matemática escolar com o apoio de algumas ideias (que não nascem nas teorias de currículo, mas que foram devidamente apropriadas por elas), como poder, resistência e política, e das discussões recentes envolvendo a cultura.

Acreditamos que o cenário foi cuidadosamente arquitetado e que nos resta, por ora, finalizar as nossas discussões e deixarmos para que outros pesquisadores, interessados na temática em questão, possam construir e desconstruir em cima do nosso cenário.

Com base nas perguntas que nortearam este livro é que nos propomos a esboçar o retoque final do nosso trabalho. Ao longo do percurso traçado, procuramos, pautados em nossas escolhas, identificar pistas que nos permitissem investigar em que medida o conhecimento matemático é apropriado na sociedade contemporânea e como se manifesta nas relações de poder; na medida em que toda prática social permeada por sistemas de significação é uma prática discursiva, possuindo, assim, uma dimensão cultural, também buscamos compreender sobre e como as práticas discursivas – social, política e econômica – interferem na organização e na construção do currículo da matemática escolar da educação básica.

Partimos da ideia de que os conhecimentos oriundos das disciplinas escolares sempre veicularam capital cultural, lembrando, porém, que, em um momento, esse capital cultural foi visto como tradições públicas, "conjuntos de conhecimentos, artes, habilidades, linguagens, normas e valores" (Stenhouse 1991, p. 31; trad. nossa), e, noutro momento, como tradição seletiva – "a partir de um universo inteiro de conhecimento possível, somente uma parte limitada é reconhecida como oficial, como conhecimento 'digno' de ser transmitido às futuras gerações" (Apple 2006, p. 51).

A escola, conforme Young (2009), é uma agência de transmissão cultural ou de conhecimento – conhecimento poderoso, oriundo das disciplinas escolares, sejam elas quais forem, e legítimo (Apple 2006), oriundo das disciplinas escolares matemática e ciências. Esses conhecimentos caminham juntos, representando, de qualquer forma, o conhecimento poderoso, dos que controlam o poder. O conhecimento poderoso refere-se

> (...) não a quem tem mais acesso ao conhecimento ou quem o legítima, embora sejam questões importantes, mas ao que o conhecimento pode fazer, por exemplo, se fornece explicações confiáveis ou novas formas de se pensar sobre o mundo. (...) Conhecimento poderoso nas sociedades modernas, (...) é cada vez mais, conhecimento especializado. (Young 2009, p. 46)

Já o conhecimento legítimo, produzido na escola, reproduz a cultura e a ideologia dos grupos dominantes. O conhecimento escolar, de acordo com Apple (2006), é visto como uma forma de distribuição de bens e serviços de uma sociedade, e seu estudo é ideológico, isto é,

> (...) a investigação do que determinados grupos sociais e classes, em determinadas instituições e em determinados momentos históricos consideram conhecimento legítimo. (...) É (...) uma forma de investigação orientada criticamente, no sentido que escolhe concentrar-se em como esse conhecimento, de acordo com sua distribuição nas escolas, pode contribuir para um desenvolvimento cognitivo e vocacional que fortaleça ou reforce os arranjos institucionais existentes (e em geral problemáticos) na sociedade. (*Ibidem*, p. 83)

O poder e a ação interagem para promover as práticas sociais nas escolas, práticas que representam tanto a condição quanto o resultado da dominação e de sua contestação. Com isso, a partir do instante em que se aceita que, em qualquer sociedade, escola ou espaço social, há relações específicas de poder, a teoria educacional passa a questionar a neutralidade da instituição, do conhecimento e dos atores escolares, iniciando-se a busca pela significação de como a escola e o que é produzido por ela contribuem, direta ou indiretamente, para a manutenção da ideologia e do poder dominantes.

Essa ideia coloca a escola como um importante agente da reprodução cultural e econômica, armazena um capital cultural visto como um mecanismo eficaz de filtragem na reprodução de uma sociedade hierárquica, segundo Bourdieu e Passeron (2009), e na produção de uma sociedade mais justa, igualitária e democrática, segundo o nosso ponto de vista.

Ao diferenciarmos as disciplinas escolares em termos de *status* elevado e não elevado, e ao vulgarizarmos os conhecimentos oriundos da vida cotidiana, estamos perpetuando o modelo educacional responsável pela reprodução da cultura e da ideologia dominantes, dado que as escolas, além de produzirem conhecimento, também produzem pessoas, ampliando e legitimando recursos que fomentam a desigualdade, seja ela qual for. Para mudarmos essa situação, precisamos tratar as disciplinas escolares dando-lhes a mesma importância e privilegiar, na mesma proporção dos saberes escolares, os saberes cotidianos, ao pensarmos o currículo escolar.

O currículo, a educação e a escola são reguladores da sociedade e de nós mesmos, na medida em que representam os meios pelos quais o Estado educa e sanciona os conhecimentos que devem ser aprendidos pelos estudantes. Tanto os conceitos quanto os processos de escolarização são práticas sociais historicamente constituídas, pois se referem ao modo como o conhecimento se entrelaça com a sociedade produzindo relações simétricas e assimétricas de poder (o poder se relaciona mutuamente com o opressor e com quem sofre a opressão).

Assim, o currículo, entendido como uma tecnologia disciplinadora, e os saberes produzidos pelas disciplinas escolares representam uma prática de regulação social (ou uma prática social de regulação). Entendemos com isso que os saberes escolares estão envoltos em relações de poder, se não pela ideia de Foucault, segundo a qual "não há relação de poder sem constituição de um campo de saber, como também, reciprocamente, todo saber constitui novas relações de poder" (Foucault 2007, p. xii), pelo conceito de tradição seletiva referido anteriormente.

O currículo é um conjunto de métodos e estratégias que inclui princípios para a ação e que circula entre as práticas culturais e sociais por meio de regras e padrões. Ele é conduzido pelas escolhas dos conhecimentos que vale a pena ensinar ou sancionar, e mediante os quais se constroem a razão e a individualidade – individualidade esta que, por sinal, deveria ser combalida em prol da construção de uma identidade coletiva, que privilegiasse, sobremaneira, o respeito pelas diferenças, fossem elas quais fossem.

O currículo é visto como uma prática de significação; por conseguinte, seu estudo e sua prática situam o local e os alicerces sobre os quais as aprendizagens acontecem, ou seja, o currículo pode ser desenhado tanto para ajudar os estudantes a conhecer seus próprios discursos – a saber, de que maneira o conhecimento e o poder se criam e recriam, mutuamente – quanto pode se centrar na aceitação de discursos preexistentes condicionados e opressivos.

Nesse caso, as disciplinas escolares, ao mesmo tempo que são técnicas de adestramento, também são produtoras de resistência, de contrapoderes. Por isso, o conhecimento escolar não pode ser tratado como uma entidade monolítica e muito menos como um fenômeno universal, mas como uma poderosa ferramenta na formação da regulação social ou na resistência dela.

Ao tratarmos das disciplinas escolares, dos conhecimentos poderosos, legítimos, de *status* elevados e não elevados, da relação mútua entre saber e poder, do currículo como prática de significação – ideias que dão sentido às nossas ações e nos permitem interpretar ações alheias e que, quando tomadas em seu conjunto, formam as nossas culturas –, estávamos pensando, em demasia, na matemática escolar, nos conhecimentos e nos saberes matemáticos, institucionalizados ou não; matemática escolar que se confunde com a educação matemática como uma prática social, cultural e política – que, nesse sentido, deveria privilegiar e dar mais atenção aos menos favorecidos, fazendo ecoar as suas vozes. É por meio dessa educação matemática, mais igualitária e menos representativa do pensamento hegemônico, que pensamos construir nossa proposta, alicerçada em conceitos-chave estruturados em teorias curriculares e educacionais. Na trama desse tecido teórico por nós explorado, ressaltam-se os seguintes conceitos:

Etnomatemática, que é a matemática praticada por grupos culturais, como comunidades urbanas e rurais, grupos de trabalhadores, classes profissionais, crianças de uma determinada faixa etária, sociedades indígenas etc. A etnomatemática, além do seu caráter antropológico, tem um indiscutível foco político, pois é embebida de ética focalizada na recuperação da dignidade cultural do ser humano; ela ajuda a fortalecer a ideia de que o conhecimento matemático é hibridizado e fundamenta-se, sobretudo, na reestruturação e no fortalecimento das raízes das vozes silenciadas, tendo como papel reconhecer e respeitar a história, a tradição, o pensamento de outras culturas, excluindo a prática seletiva e individual que comumente tem servido de caracterização à pertinência da matemática em nossa sociedade.

Educação matemática crítica, que se preocupa, sobremaneira, com os aspectos políticos da educação matemática, ou seja, com as questões ligadas à temática do poder. A relação marcadamente forte entre a matemática escolar e a questão do poder pode ser evidenciada por meio do estreitamento entre a educação matemática e a questão da democracia em uma sociedade extremamente tecnológica que tem nos conceitos-chave de competência crítica, distância crítica e engajamento crítico, bem como nos argumentos sociais e pedagógicos da democracia, conceitos e argumentos caros para construir uma sociedade justa, igualitária e democrática.

Nesse sentido, o conhecimento matemático, mais do que ferramenta para construir o conhecimento tecnológico, é objeto de desenvolvimento do conhecimento reflexivo, principalmente pelo fato de o pensamento reflexivo ser parte importante dos saberes matemáticos, sejam eles da matemática acadêmica ou da etnomatemática.

Acrescentamos à discussão o fato de que o conhecimento matemático é um recurso usado nas relações de poder. Ele faz parte da própria linguagem do poder, haja vista que a matemática dá a palavra final em inúmeras discussões, amparada por uma ideologia da certeza. Trata-se de "uma estrutura geral e fundamental de interpretação para um número crescente de questões que transformam a matemática em uma linguagem de poder" (Borba e Skovsmose 2001, p. 129). A matemática seria, para essa ideologia, um sistema perfeito, neutro e à prova de erros, e, se for bem-usada, contribui para o controle e a manutenção das vozes dos poderosos, justificando, assim, a ideia de Apple (2006) sobre o conhecimento de *status* elevado e isentando, de uma vez por todas, o conhecimento matemático de qualquer comprometimento social ou cultural. Na medida em que isso ocorre, a matemática, numa sociedade extremamente tecnológica, fortalece o seu poder formatador.

Modelagem matemática, que é uma importante peça constituinte das discussões envolvendo a matemática escolar e as relações de poder, pois é por meio dela, como metodologia de ensino, que podemos dar poder aos alunos – usando problemas matemáticos inseridos em situações sociais – para construir uma visão crítica do mundo, possibilitando que orientem suas ações para felizes intervenções na realidade que os circunda.

Enculturação matemática, estudo realizado por Bishop (1999), que é importante para o nosso trabalho, na medida em que propõe um currículo da matemática escolar centrado na dimensão cultural. O trabalho desenvolvido por Bishop enriquece as ideias apresentadas no programa de etnomatemática desenvolvido por D'Ambrosio, pois dá forma à organização curricular, diferentemente da etnomatemática, que não tem, a princípio, essa preocupação. Podemos afirmar que a crítica severa feita à etnomatemática é justamente não propor um currículo etnomatemático.

O estudo desenvolvido por Bishop é, para nós, uma inovação na temática de investigação envolvendo a organização curricular da matemática escolar. Ele apresenta uma proposta curricular que aproxima, fortemente, os laços entre temas matemáticos e o entorno social do estudante, estabelecendo uma relação estreita entre a cultura matemática e a cultura dos alunos. Nesse sentido, trata-se de uma proposta inovadora, ainda que não isenta de críticas e muito menos redentora de uma realidade marcada por programas, guias e normas curriculares que também produziram ou induziram a um ensino de matemática seletivo, descritivo, enciclopédico etc. A contribuição de Bishop se deve ainda ao fato de que nos abre uma possibilidade de discussão envolvendo o currículo da matemática escolar diferente das discussões realizadas no Brasil, que, de modo geral, estão vinculadas aos currículos prescritos e praticados; a proposta de Bishop busca olhar para o todo e não apenas para parte do currículo, ou para determinada série, conteúdo etc.

Nenhuma proposta está isenta de críticas. Se, por um lado, a abordagem de Bishop confere uma significativa contribuição às discussões da etnomatemática, que representa avanço na concepção de currículo da matemática, por outro, segundo Knijnik (2006, pp. 136-137), em pelo menos dois aspectos, sua abordagem é problemática. O primeiro está associado ao referencial teórico utilizado por Bishop para conceituar cultura:

> Essa teorização considera a existência de um fator cultural privilegiado (no caso, uma "tecnologia simbólica" ou, como quer Bishop, a Matemática) como origem para todas as atividades culturais. Mais ainda, no papel deste fator propulsor do desenvolvimento cultural, há toda uma concepção "evolucionista" da cultura, que tem sido amplamente contestada (...).

O segundo aspecto se refere à questão pedagógica do seu trabalho. Segundo Knijnik, ao apresentar as seis atividades universais, a proposta de Bishop deixa de examinar os processos de descontextualização-recontextualização:

> Ao se referir a esta questão, Ives Chevallard (1990, p. 12) argumenta que todas essas atividades estão, em geral, enraizadas culturalmente em situações específicas. Consequentemente, para lidar com elas, temos de atacar o problema de sua descontextualização e, posteriormente, sua recontextualização na situação da educação escolar. (Knijnik 2006, pp. 136-137)

Gostaríamos de nos ater um pouco mais ao primeiro aspecto problemático indicado por Knijnik, por sua proximidade com o trabalho que desenvolvemos aqui. O esboço de exercício que pretendemos realizar neste momento faz menção a como pensar o trabalho de Bishop por meio de outro referencial teórico envolvendo a cultura. Partiremos da concepção de que a matemática é uma prática social impregnada de significado; portanto, é uma prática de significação e, por isso, está envolvida por relações de poder. Como já mencionado, qualquer prática social, ao produzir significados e interferir nas ações sociais, é uma prática cultural, portanto, discursiva. Este é o nosso ponto de vista sobre a matemática: trata-se de uma prática social, produtora de discursos e significados, portanto cultural, e não somente uma tecnologia simbólica, como proposta por Bishop.

Se juntarmos a ideia de Bishop, segundo a qual a matemática é um tipo de tecnologia simbólica, com o nosso ponto de vista que a trata como uma prática de significação, então a matemática atuará como componente na constituição do sujeito, de sua subjetividade e identidade, e na fabricação de formas de diferenças entre os elementos de um mesmo ou distinto grupo social; essa sujeição que responde pela produção das diferenças, inerentes à constituição das identidades, regula tanto os sujeitos quanto suas condutas.

Ao tomarmos o currículo como um artefato cultural – pois, institucionalmente, é uma invenção social, uma prática discursiva atrelada à produção de identidades culturais e sociais – e seu conteúdo também como uma construção social – pois o conhecimento é um produto criado e interpretado socialmente, uma epistemologia social –, acreditamos que ele possa mais incluir do excluir, mais unir do que separar os saberes cotidianos e não cotidianos, mais respeitar do que destacar as diferenças; enfim, construir mais identidades que tenham em suas subjetividades inculcada a ideia de uma sociedade que privilegie, sobremaneira, a qualidade de vida das pessoas.

Por tudo isso, consideramos que o currículo, a cultura e a educação matemática podem, em suas particularidades, se identificar, e, na fabricação das diferenças, inerentes à condição humana, se hibridizar.

222 Papirus Editora

REFERÊNCIAS BIBLIOGRÁFICAS

ALMOULOUD, S.A. (1997). "Fundamentos da didática da matemática e metodologia de pesquisa". *Caderno de Educação Matemática (Cema)*, v. 3. São Paulo: Programa de Estudos Pós-graduados no Ensino da Matemática-PUC.

ALTHUSSER, L. (1985). *Aparelhos ideológicos de Estado: Notas sobre os aparelhos ideológicos de Estado*. Trad. Walter José Evangelista e Maria Laura Viveiros de Castro. Introdução crítica de José Augusto Guilhon Albuquerque. Rio de Janeiro: Graal.

APPLE, M.W. (1999). "Currículo e poder". *Educação e Revista*, v. 14, n. 2. Porto Alegre, pp. 44-57.

_____ (2002). *Educação e poder*. Trad. Maria Cristina Monteiro. 2ª ed. Porto Alegre: Artmed.

_____ (2006). *Ideologia e currículo*. Trad. Vinicius Figueira. 3ª ed. Porto Alegre: Artmed.

BAMPI, L. (2003). "Governo etnomatemático: Tecnologia do multiculturalismo". Tese de doutorado. Porto Alegre: UFRS.

BARBOSA, J.C. (2001a). "Modelagem matemática: Concepções e experiências de futuros professores". Tese de doutorado. Rio Claro: Instituto de Geociências e Ciências Exatas-Unesp.

_____ (2001b). Modelagem na educação matemática: Contribuições para o debate teórico. Caxambu: 24ª Reunião Anual da Anped. [Disponível na internet: http://24reuniao.anped.org.br/24/T1974438136242.doc, acesso em 19/2/2015.]

_____ (2003). Modelagem matemática e a perspectiva sócio-crítica. Santos: II Seminário Internacional de Pesquisas em Educação Matemática (Sipem). [Disponível na internet: http://www.somaticaeducar.com.br/arquivo/material/142008-11-01-15-44-48.pdf, acesso em 19/2/2015.]

BARRETTO, E.S.S. (1995). "As propostas curriculares oficiais: Análise das propostas curriculares dos estados e de alguns municípios das capitais para o ensino fundamental". *Projeto MEC/Unesco/FCC: Subsídios à elaboração dos Parâmetros Curriculares Nacionais*. São Paulo: Fundação Carlos Chagas.

BASSANEZI, R.C. (2002). *Ensino-aprendizagem como modelagem matemática: Uma nova estratégia*. São Paulo: Contexto.

BELTRAME, J. (2000). "Os programas de ensino de matemática do Colégio Pedro II: 1837-1932". Dissertação de mestrado em Educação. Rio de Janeiro: PUC.

BERNSTEIN, B. (1977). *Class, codes and control, v. 3. Towards a theory of educational transmissions*. 2ª ed. Londres: Routledge & Kegan Paul.

BISHOP, A. (1999). *Enculturacion matemática: La educación matemática desde una perspectiva cultural*. Barcelona: Paidós.

BOBBITT, J.F. (2004). *O currículo*. Trad. João Menelau Paraskeva. Lisboa: Didáctica.

BORBA, M. (2001). "Prefácio". *In*: SKOVSMOSE, O. *Educação matemática crítica: A questão da democracia*. Trad. Abgail Lins e Jussara de Loiola Araújo. 2ª ed. Campinas: Papirus, pp. 7-12.

BORBA, M.C. e SKOVSMOSE, O. (2001). "Ideologia da certeza em educação matemática". *In*: SKOVSMOSE, O. *Educação matemática crítica: A questão da democracia.* Trad. Abgail Lins e Jussara de Loiola Araújo. 2ª ed. Campinas: Papirus, pp. 127-148.

BOURDIEU, P. e PASSERON, J.C. (2009). *A reprodução: Elementos para uma teoria do sistema de ensino.* Trad. Reynaldo Bairão. 2ª ed. Petrópolis: Vozes.

BOWLES, S. e GINTIS, H. (1976). *La meritocracia y el "coeficiente de inteligencia": Una nueva falacia del capitalismo. El I.Q. en la estructura de clases de los Estados Unidos.* Barcelona: Anagrama.

BRASIL (1998a). *Parâmetros Curriculares Nacionais: Matemática.* Brasília: Ministério de Educação – Secretaria de Ensino Fundamental.

_____ (1998b). *Parâmetros Curriculares Nacionais: Terceiro e quarto ciclos do ensino fundamental – Introdução aos Parâmetros Curriculares Nacionais.* Brasília: Ministério de Educação – Secretaria de Ensino Fundamental.

_____ (1999). *Parâmetros Curriculares Nacionais (PCN): Ensino médio; ciências da natureza, matemática e suas tecnologias.* Brasília: Ministério de Educação – Secretaria de Educação Média e Tecnológica.

BRITO, M.A.R.B. e LUCENA, I.C.R. (2006). "Etnomatemática nas séries iniciais". Belém: IV Encontro Paranaense de Educação Matemática (Epaem), minicurso.

CALDEIRA, A.D. (2009). "Modelagem matemática: Um outro olhar". *Alexandria – Revista de Educação em Ciências e Tecnologia,* v. 2, n. 2. Florianópolis: UFSC, pp. 33-54.

CANTORAL, R. e FARFÁN, R. (2003). "Matemática educativa: Una visión de su evolución". *Revista Latinoamericana de Investigación en Matemática Educativa,* v. 6, n. 1. México: Internacional Thomson, pp. 27-40.

CARVALHO, V. (2007). "Mathematics Education and Society (MES): A constituição de uma comunidade de prática científica internacional". Tese de doutorado. Campinas: FE-Unicamp.

CHERRYHOLMES, C. (1987). "Un proyecto social para el currículo. Perspectivas postestructurales". *Revista de Educación,* n. 282. Madri, pp. 31-60.

CHERVEL, A. (1990). "História das disciplinas escolares: Reflexões sobre um campo de pesquisa". *Teoria e Educação,* n. 2. Porto Alegre, pp. 177-229.

CHEVALLARD, Y. (1991). *La transposition didactique*. Grenoble: La Pensée Sauvage Edition, pp. 11-48.

CORRIGAN, P. (1979). *Schooling the smash street kids*. Londres: Macmillan Press.

CUCHE, D. (2002). *A noção de cultura nas ciências sociais*. Trad. Viviane Ribeiro. 2ª ed. Bauru: Edusc.

D'AMBROSIO, U. (2001). *Etnomatemática: Elo entre as tradições e a modernidade*. Belo Horizonte: Autêntica.

_____ (2009). "A dinâmica cultural no encontro do Velho e do Novo Mundo". *Eä – Revista de Humanidades Médicas & Estudios Sociales de la Ciencia y la Tecnología*, v. 1, n. 1, ago., pp. 1-25. [Disponível na internet: www.ea-journal.com, acesso em 5/1/2015.]

D'AMORE, B. (2007). *Elementos da didática da matemática*. Trad. Maria Cristina Bonomi. São Paulo: Ed. Livraria da Física.

DASSIE, B.A. (2001). "A matemática do curso secundário na Reforma Gustavo Capanema". Dissertação de mestrado em Educação. Rio de Janeiro: PUC.

DIEUDONNÉ, J. (1961). "New thinking in school mathematics". *New thinking in school mathematics*. Paris: Organización para la Cooperación Económica Europea.

DREEBEN, R. (1968a). *On what is learned in schools*. Reading: Addison-Wesley.

_____ (1968b). "The contribution of schooling to the learning of norms". *Socialization and Schools, Harvard Educational Review*, v. 37, n. 2, Cambridge: Harvard University Press, pp. 23-49.

EAGLETON, T. (2005). *A ideia de cultura*. São Paulo: Ed. da Unesp.

ESQUINCALHA, A. da C. (2002). "Nicolas Bourbaki e o Movimento Matemática Moderna". *Revista de Educação, Ciências e Matemática*, v. 2, n. 3. Rio de Janeiro: Unigranrio, set.-dez., pp. 28-37.

FASHEH, M. (1998). "Matemática, cultura e poder". *Zetetiké*, v. 6, n. 9. Campinas, pp. 9-30.

_____ (2004). "Como erradicar o analfabetismo sem erradicar os analfabetos?". Trad. Timothy Ireland. *Revista Brasileira de Educação*, n. 26. São Paulo, pp. 157-169.

FERRAÇO, C.E. (2004). "Os sujeitos praticantes dos cotidianos das escolas e a invenção dos currículos". *In*: MOREIRA, A.F.B.; PACHECO, J.A. e GARCIA, R.L. (orgs.). *Currículo: Pensar, sentir e diferir*. Rio de Janeiro: DP&A, pp. 77-94.

FIORENTINI, D. e LORENZATO, S. (2006). *Investigação em educação matemática: Percursos teóricos e metodológicos*. Campinas: Autores Associados.

FORQUIN, J.C. (2000). "O currículo entre o relativismo e o universalismo". *Educação e Sociedade*, ano XXI, n. 73. São Paulo, pp. 47-70.

FOUCAULT, M. (1979). *Microfísica do poder*. Trad. Roberto Machado. 26ª ed. Rio de Janeiro: Graal.

_____ (2007). *A arqueologia do saber*. Trad. Luiz Felipe Baeta Neves. 7ª ed. Rio de Janeiro: Forense Universitária.

GABRIEL, C.T. (2010). "Conhecimento escolar, cultura e poder: Desafios para o campo do currículo em 'tempos pós'". *In*: MOREIRA, A.F. e CANDAU, V.M. (orgs.). *Multiculturalismo: Diferenças culturais e práticas pedagógicas*. 4ª ed. Petrópolis: Vozes, pp. 212-248.

GAGNÉ, R.M. (1962). "The acquisition of knowledge". *Psychological Review*, v. 69, n. 4, jul., pp. 355-365.

GARCIA, R.L. e MOREIRA, A.F.B. (orgs.) (2008). *Currículo na contemporaneidade: Incertezas e desafios*. 3ª ed. São Paulo: Cortez.

GEERTZ, C. (2008). *A interpretação das culturas*. Rio de Janeiro: LTC.

GIROUX, H. (1983). *Pedagogia radical: Subsídios*. Trad. Dagmar M.L. Zibas. São Paulo: Cortez/Autores Associados.

_____ (1986). *Teoria crítica e resistência em educação: Para além das teorias da reprodução*. Trad. Ângela Maria B. Biaggio. Petrópolis: Vozes.

GODINO, J.D. (1991). "Perspectiva de la didáctica de las matemáticas como disciplina científica". Documento de trabajo del curso de doutorado "Teoría de la educación matemática". Granada: Universidad de Granada.

GODINO, J.D. e LLINARES, S. (2000). "El interaccionismo simbólico en educación matemática". *Revista Educación Matemática*, v. 12, pp. 70-92.

GODOY, E.V. (2002). "Matemática no ensino médio: Prescrições das propostas curriculares e concepções dos professores". Dissertação de mestrado em Educação Matemática. São Paulo: PUC.

GOODSON, I.F. (2001). *O currículo em mudança: Estudos na construção social do currículo*. Porto: Porto Ed.

HALL, S. (1997). "A centralidade da cultura: Notas sobre as revoluções culturais do nosso tempo". *Educação e Realidade*, v. 22, n. 2. Porto Alegre, p. 5.

HEBDIGE, D. (1979). *Subculture: The meaning of style*. Londres: Methuen.

HOWSON, G. (1979). "Análisis crítico del desarrollo curricular en educación matemática". *In*: STEINER, H. e CHRISTIANSEN, B. (orgs.). *Nuevas tendencias en la enseñanza de la matemática*, v. 4. Paris: Unesco.

HOWSON, G.; KEITEL, C. e KILPATRICK, J. (1981). *Curriculum development in mathematics*. Nova York: Cambridge University Press.

JACKSON, P. (1968). *Life in classrooms*. Nova York: Holt, Rinehart & Winston.

KILPATRICK, J. (1998). "Investigación en educación matemática: Su historia y algunos temas de actualidad". *In*: KILPATRICK, J.; GÓMEZ, P. e RICO, L. *Educación matemática: Errores y dificultades de los estudiantes, resolución de problemas, evaluación, historia*. Bogotá: Universidad de los Andes, pp. 1-18.

KNIJNIK, G. (2006). *Educação matemática, culturas e conhecimento na luta pela terra*. Santa Cruz do Sul: Edunisc.

LARROSA, J. (2008). "Tecnologias do *eu* e educação". *In*: SILVA, T.T. *O sujeito da educação. Estudos foucaultianos*. Petrópolis: Vozes, pp. 35-86.

LATOUR, B. (2000). *Ciência em ação: Como seguir cientistas e engenheiros sociedade afora*. Trad. Ivone C. Benedetti. São Paulo: Ed. da Unesp.

LOPES, A.C. (2005). "Política de currículo: Recontextualização e hibridismo". *Currículo sem Fronteiras*, v. 5, n. 2. Lisboa, pp. 50-64.

MACEDO, E. (2004). "Ciência, tecnologia e desenvolvimento: Uma visão cultural do currículo de ciências". *In*: LOPES, A.C. e MACEDO, E. (orgs.). *Currículo de ciências em debate*. Campinas: Papirus, pp. 119-152.

_____ (2006). "Currículo: Política, cultura e poder". *Currículo sem Fronteiras*, v. 6, n. 2. Lisboa, pp. 98-113.

_____ (2007). "Uma abordagem cultural do currículo". *In*: AMORIM, A.C.R. e PESSANHA, E. (orgs.). *As potencialidades da centralidade da(s) cultura(s) para investigações no campo do currículo*. Campinas: FE-Unicamp/GT Currículo da Anped, pp. 74-78.

MACHADO, R. (1979). "Introdução. Por uma genealogia do poder". *In*: FOUCAULT, M. *Microfísica do poder*. Trad. Roberto Machado. 26ª ed. Rio de Janeiro: Graal, pp. vii-xxiii.

MIGUEL, A. e MIORIM, M.A. (2004). *História na educação matemática: Propostas e desafios*. Belo Horizonte: Autêntica.

MIORIM, M.A. (1998). *Introdução à história da educação matemática*. São Paulo: Atual.

MOREIRA, A.F.B. (2009). "Conhecimento escolar: Questões de seleção, de relações e de fronteiras – Debatendo com Michael Young". *In*: PEREIRA, M.Z.C.; CARVALHO, M.E.P. e PORTO, R.C.C. (orgs.). *Globalização, interculturalidade e currículo na cena escolar*. Campinas: Alínea, pp. 55-70.

MOREIRA, A.F.B. e CANDAU, V.M. (2003). "Educação escolar e cultura(s): Construindo caminhos". *Revista Brasileira de Educação*, n. 23. São Paulo, pp. 156-168.

NETO, A.V. (2002). "Currículo e cultura". *Contrapontos*, ano 2, n. 4. Itajaí, pp. 43-51.

_____ (2003). "Cultura, culturas e educação". *Revista Brasileira de Educação*, n. 23. São Paulo, pp. 5-15.

_____ (2004a). "Currículo, cultura e sociedade". *Educação Unisinos*, v. 8, n. 15. Porto Alegre, pp. 157-171.

_____ (2004b). "Cultura e currículo: Um passo adiante". *In*: MOREIRA, A.F.B.; PACHECO, J.A. e GARCIA, R.L. (orgs.). *Currículo: Pensar, sentir e diferir*. Rio de Janeiro: DP&A, pp. 51-56.

NOGUEIRA, M.A. e NOGUEIRA, C.M.M. (2009). *Bourdieu e a educação*. 3ª ed. Belo Horizonte: Autêntica.

OREY, D.C. e ROSA, M. (2003). "Vinho e queijo: Etnomatemática e modelagem". *Bolema*, ano 16, n. 20. Campinas, pp. 1-16.

_____ (2007). "A dimensão crítica da modelagem matemática: Ensinando para a eficiência sociocrítica". *Revista Horizontes*, v. 25, n. 2. São Paulo, pp. 197-206.

PACHECO, J.A. (2004). "Em torno de um projecto curricular pós-colonial". *In*: MOREIRA, A.F.B.; PACHECO, J.A. e GARCIA, R.L. (orgs.). *Currículo: Pensar, sentir e diferir*. Rio de Janeiro: DP&A, pp. 43-50.

PAIS, L.C. (1999). "Transposição didática". *In*: MACHADO, S.D.A. *et al.* (orgs.). *Educação matemática: Uma introdução*. São Paulo: Educ, pp. 13-42.

PASSOS, C. (2008). "Etnomatemática e educação matemática crítica: Conexões teóricas e práticas". Dissertação de mestrado. Belo Horizonte: FE-UFMG.

PESTRE, D. (1996). "Por uma nova história social e cultural das ciências: Novas definições, novos objetos, novas abordagens". *Cadernos IG-Unicamp*, v. 6, n. 1. Trad. Silvia F. de M. Figueirôa. Campinas, pp. 3-56.

PIETROPAOLO, R.C. (1999). "Parâmetros Curriculares Nacionais de Matemática: Um estudo sobre os pareceres". Dissertação de mestrado. São Paulo: PUC.

PIRES, C.M.C. (2000). *Currículos de matemática: Da organização linear à idéia de rede*. São Paulo: FTD.

_____ (2006). *Matemática e sua inserção curricular*. São Paulo: Proem.

_____ (2008). "Educação matemática e sua influência no processo de organização e desenvolvimento curricular no Brasil". *Bolema*, ano 21, n. 29. Rio Claro, pp. 13-42.

POPKEWITZ, T.S. (1997). *Reforma educacional: Uma política sociológica – Poder e conhecimento em educação*. Trad. Beatriz Affonso Neves. Porto Alegre: Artes Médicas.

POPKEWITZ, T.S.; FRANKLIN, B.M. e PEREYRA, M.A. (orgs.) (2003). *Historia cultural y educación. Ensayos críticos sobre conocimiento y escolarización*. Barcelona: Pomares; México: Cesu/Unam.

RICO, L. (1990a). "Diseño curricular en educación matemática: Una perspectiva cultural". *In*: LLINARES, S. e SÁNCHEZ, V. (orgs.). *Teoría y práctica en educación matemática*. Sevilla: Alfar.

_____ (1990b). "Diseño curricular en educación matemática: Elementos y evaluación". *In*: LLINARES, S. e SÁNCHEZ, V. (orgs.). *Teoría y práctica en educación matemática*. Sevilha: Alfar.

_____ (1997). *Bases teóricas del currículo de matemáticas en educación secundária*. Madri: Sínteses.

_____ (2004). "Currículos de matemática para a educação básica". 1º Fórum Nacional da Sociedade Brasileira de Educação Matemática sobre Currículos de Matemática para a Educação Básica no Brasil. São Paulo.

ROCHA, J.L. (2001). "A matemática do curso secundário na Reforma Francisco Campos". Dissertação de mestrado em Educação. Rio de Janeiro: PUC.

ROMBERG, T. (1992). "Problematic features of the school mathematics curriculum". *In*: JACKSON, P. (org.). *Handbook of research on curriculum*. Nova York: Macmillan.

SACARDI, K.K. (2008). "O conhecimento matemático escolar e as relações com a marchetaria". Dissertação de mestrado em Educação Matemática. São Paulo: PUC.

SANTOMÉ, J.T. (1995). *O curriculum oculto*. Trad. Anabela Leal de Barros e António Bárbolo Alves. Porto: Porto Ed.

SANTOS, B.S. (2010). *Pela mão de Alice: O social e o político na pós-modernidade*. 13ª ed. São Paulo: Cortez.

SANTOS, V.M. (2003). "Uma revisão de artigos de revistas especializadas para identificar características da pesquisa atual em educação matemática". São Paulo.

_____ (2008). "Ensino de matemática em outros países: Análise comparativa". Texto elaborado para prova escrita do concurso de livre-docência em Metodologia do Ensino de Matemática. São Paulo: FE-USP.

SÃO PAULO (ESTADO) (1994a). *Experiências Matemáticas: 5ª a 8ª séries*. São Paulo: Secretaria da Educação/Coordenadoria de Estudos e Normas Pedagógicas.

_____ (1994b). *Proposta curricular para o ensino de matemática do 2º grau*. São Paulo: Secretaria da Educação/Coordenadoria de Estudos e Normas Pedagógicas.

SAVIANI, D. (2009). *Escola e democracia*. 41ª ed. rev. Campinas: Autores Associados.

_____ (2011). *Pedagogia histórico-crítica: Primeiras aproximações*. 11ª ed. rev. Campinas: Autores Associados.

SILVA, M.A. (2009). "Currículos de matemática no ensino médio: Em busca de critérios para escolha e organização de conteúdos". Tese de doutorado em Educação Matemática. São Paulo: PUC.

SILVA, T.T. (2000). *Teorias do currículo: Uma introdução crítica*. Porto: Porto Ed.

_____ (2007). *Documentos de identidade: Uma introdução às teorias do currículo*. 2ª ed. Belo Horizonte: Autêntica.

SKOVSMOSE, O. (2001). *Educação matemática crítica: A questão da democracia*. Trad. Abgail Lins e Jussara de Loiola Araújo. 2ª ed. Campinas: Papirus.

_____ (2008). *Desafios da reflexão em educação matemática crítica*. Trad. Orlando de Andrade Figueiredo e Jonei Cerqueira Barbosa. Campinas: Papirus.

STEINER, H. (org.) (1980). *Comparative studies of mathematics curricula. Change and stability 1960-1980*. Bielefeld: Institut für Didaktik der Mathematik-Universität Bielefeld.

STENHOUSE, L. (1991). *Investigación y desarrollo del curriculum*. Trad. do inglês Alfredo Guera Miralles. 3ª ed. Madri: Morata.

TABA, H. (1974). *Elaboración del currículo. Teoría y práctica*. Buenos Aires: Ediciones Troquel.

THOMPSON, J.B. (2009). *Ideologia e cultura moderna. Teoria social crítica na era dos meios de comunicação de massa*. Petropólis: Vozes.

TYLER, R.W. (1976). *Princípios básicos de currículo e ensino*. Trad. Leonel Vallandro. Porto Alegre: Globo.

VALENTE, W.R. (1999). *Uma história da matemática escolar no Brasil (1730-1930)*. São Paulo: Annablume; Fapesp.

_____ (2003). "Saber científico, saber escolar e suas relações: Elementos para reflexão sobre a didática". *Revista Diálogo Educacional*, v. 4, n. 10. Curitiba, pp. 55-67.

VARELA, J. (2008). "O estatuto do saber pedagógico". *In*: SILVA, T.T. (org.). *O sujeito da educação. Estudos foucaultianos.* 6ª ed. Petrópolis: Vozes, pp. 87-86.

WHITE, L.A. e DILLINGHAM, B. (2009). *O conceito de cultura.* Rio de Janeiro: Contraponto.

WILLIAMS, R. (2008). *Cultura.* São Paulo: Paz e Terra.

WILLIS, P. (1977). *Learning to labor.* Lexington: D.C. Heath.

WOODWARD, K. (2009). "Identidade e diferença: Uma introdução teórica e conceitual". *In*: SILVA, T.T. *Identidade e diferença. A perspectiva dos estudos culturais.* Petrópolis: Vozes, pp. 7-72.

YOUNG, M. (2009). "Para que servem as escolas?". *In*: PEREIRA, M.Z.C.; CARVALHO, M.E.P. e PORTO, R.C.C. (orgs.). *Globalização, interculturalidade e currículo na cena escolar.* Campinas: Alínea, pp. 37-54.

Especificações técnicas

Fonte: Times New Roman 11 p
Entrelinha: 14 p
Papel (miolo): Offset 75 g
Papel (capa): Supremo 250 g
Impressão e acabamento: Paym